Ralf Sotscheck
Saint Patrick in der Bingohalle
Irische Einblicke

Ralf Sotscheck

Saint Patrick in der Bingohalle
Irische Einblicke

Picus Lesereisen

Picus Verlag Wien

Grafische Gestaltung: Dorothea Löcker, Wien
Umschlagabbildung: Katharina Pal, Wien
Druck und Verarbeitung: Remaprint, Wien
ISBN 3-85452-718-7

Inhalt

Vorwort

Man kennt die Iren: Sie sind fromm und fröhlich, rauflustig und rothaarig, sauf- und sangesfreudig. Sie sitzen in strohgedeckten Hütten und verfassen Werke der Weltliteratur, während es draußen in Strömen gießt.

Über Irland und die Iren sind eine ganze Menge Vorurteile im Umlauf, und wenn man es auf den Quadratmeter umrechnete, wäre es wohl eine Art Weltrekord. Reisende Schriftsteller haben seit Jahrhunderten an einem Irlandbild gestrickt, das der Grünen Insel noch immer anhängt.

»Das wenige, das die Männer mit Arbeit und die Frauen mit Spinnen verdienen, wird üblicherweise in Whiskey angelegt«, schrieb der Engländer Richard Twiss 1775. »Die Frauen dieses Landes sind bemerkenswert fruchtbar, und es ist keine Seltenheit, daß eine Frau 15 oder 20 Kinder hat. Die frühen Ehen mögen für diese Fruchtbarkeit verantwortlich sein oder der Mangel an Gelegenheit, sich auf ungesetzliche Art zu vergnügen.« 222 Jahre später behauptete der von allen guten Geistern verlassene Irland-Brockhaus, »den ganzen Sommer über liegen schottische und gälische Dudelsackspieler in Dörfern und Kleinstädten im friedlichen Wettstreit miteinander«. Zwischen beiden Veröffentlichungen sind Berge von Büchern erschienen, in denen die Insel am Rande Europas mal liebevoll, manchmal gehässig, oft spöttisch, jedoch selten ohne Vorurteil beschrieben wurde.

Natürlich haben viele Klischees einen wahren Kern. So gehen noch immer sechzig Prozent der Iren regelmäßig zur Messe; das soziale Leben spielt sich vor allem im Pub ab; die Iren singen gerne und erfolgreich, wie die Seriengewinne des europäischen Eurovisions-Kampfsingens beweisen; die Insel ist grün, weil es häufig regnet, wenn auch selten lange; und vier Literatur-Nobelpreisträger sind bei einem Land dieser Größe beachtlich. Aber die Iren halten auch Rekorde, die man nicht unbedingt vermuten würde: Sie sind mit zweihundert Litern im Jahr Weltmeister im Teetrinken, und über vierzig Prozent aller Haushalte besitzen einen Hund – mehr als in allen anderen Ländern der Europäischen Union. Rothaarig sind dagegen nur vier Prozent.

In Irland leben weniger Menschen als in London. Es gibt fünf Millionen Einwohner, wenn man die Nordiren mitzählt, und sie gehören ja dazu, trotz der willkürlichen Grenze, die von den Engländern 1922 gezogen wurde. Die Insel, vor allem die Republik Irland, hat sich im vergangenen Jahrzehnt nachhaltig verändert. Zwar macht die Landwirtschaft, vor allem die Viehzucht, noch immer knapp zehn Prozent der Landwirtschaft aus, und das ist dreimal soviel wie im EU-Durchschnitt, doch mit der Öffnung der Volkswirtschaft in den sechziger Jahren, dem Beitritt zur EWG 1973 und der Ansiedlung von Industrien im paharmazeutischen Bereich und in der Computerbranche hat Irland innerhalb einer Generation den Sprung von der Agrarwirtschaft zur postindustriellen Gesellschaft bewältigt. Viele Auswanderer sind nach Irland zurückgekehrt, denn seit Anfang der neunziger Jahre hat eine Entwicklung eingesetzt, die Irland den Beinamen »keltischer Tiger« eingebracht hat: Wachstumsraten zwischen fünf und neun Prozent, Inflationsraten von unter zwei Prozent, niedrige Zinssätze und ein Haushaltsüberschuß, von dem man in den hochverschuldeten achtziger Jahren nur träumen konnte.

Besonders sichtbar sind diese Entwicklungen in Dublin, wo allenthalben neue Bürohäuser und Einkaufszentren entstehen, wo das heruntergekommene Hafenviertel zur Finanz- und Kulturhochburg ausgebaut wird und wo jede Woche zwei neue Restaurants eröffnen. Vorbei sind die Zeiten, als Irland eine kulinarische Wüste war, heutzutage kann man zwischen den ethnischen Küchen aller Erdteile wählen – wenn auch die Kartoffel nach wie vor das Hauptnahrungsmittel der Iren ist.

Der Boom hat eine Kehrseite. Die Arbeitslosigkeit ist nicht nennenswert zurückgegangen, die Schere zwischen Armen und Reichen ist größer geworden, die Verbrechensrate ist angestiegen, und Dublin hat ein unübersehbares Drogenproblem. Die Gelassenheit der Iren ist einer gewissen Eile, ja sogar Hektik gewichen. Geblieben sind Gastfreundlichkeit, Herzlichkeit und der Hang zur Improvisation, den schon Heinrich Böll beobachtet hatte, als er in den fünfziger Jahren das erste Mal nach Irland kam. »Die Bügelfalten hatten ihre schneidende Schärfe verloren«, schrieb er, »und die Sicherheitsnadel, die alte keltisch-germanische Fibel, trat wieder in ihr Recht; wo der

Knopf wie ein Punkt gewirkt hatte, vom Schneider gesetzt, war sie wie ein Komma eingehängt worden; als Zeichen der Improvisation förderte sie den Faltenwurf, wo der Knopf diesen verhindert hätte.«

Dreißig Jahre vor Böll war der englische Reiseschriftsteller Henry Vollam Morton über die Irische See gesegelt. Er fand ein »kleines Land, das in einem permanenten Unabhängigkeitskampf seinen Mann gestanden hatte, und es war ein müder, blutbefleckter Weg durch neun Jahrhunderte geworden – der längste Kampf der Weltgeschichte. Vor mir am Horizont lag die Republik Irland.«

Glücksspiel mit Gottes Segen

Meine Schwiegermutter wird 85. Sie ist katholisch und vom Spielteufel besessen. Das schließt sich in Irland keineswegs aus, macht sich die Kirche doch die Wettleidenschaft ihrer Schäfchen zunutze: Sie hat auf der ganzen Grünen Insel Bingohallen verteilt. Annie – so heißt meine Schwiegermutter – geht jeden Abend zum Glücksspiel. »Warum soll ich zu Hause herumsitzen?« sagt sie. »Bier vertrage ich nicht, also scheidet die Kneipe aus, und beim Bingo treffe ich Gleichaltrige und Gleichgesinnte.« Außerdem sei es billiger. »Vor allem, wenn man ab und zu gewinnt«, fügt sie hinzu. »Kauft man dagegen ein Bier, ist das Geld mit Sicherheit futsch.«

Als sie mal einige Wochen wegen einer Routineoperation im Krankenhaus lag, hatte sie ein Kartenspiel unter dem Kopfkissen versteckt, denn Pokern ist selbst in einem katholischen Krankenhaus verboten. Täglich zur Besuchszeit luchste sie der Verwandtschaft das Geld ab, während einer Schmiere stehen und auf die Oberschwester achtgeben mußte. Als Annie endlich entlassen wurde, führte ihr Weg schnurstracks zum Bingo.

Dienstags wird in der Halle neben der Dominikaner-Kirche hinter dem Parnell Square in der Dubliner Innenstadt gespielt. Einmal nimmt mich Annie mit, aber zuvor muß ich mit ihr zur Abendmesse. Danach strömt die Gemeinde aus der Kirche, doch vor dem imposanten Steingebäude trennen sich die Wege. Während die Männer zügig den nächsten Pub ansteuern, gehen die Frauen über den Hof der Kirche, überqueren die kleine Gasse und verschwinden hinter einer Eisentür in der Gemeindehalle.

Im Flur dahinter befindet sich ein kleines Fenster mit einem Tresen, wo die Frauen sich anstellen, um ein Heft mit zehn verschiedenfarbigen Blättern zu kaufen. Dieses Heft ist der Schlüssel zum irdischen Glück mit kirchlichem Segen: Die bunten Blätter sind Bingokarten. Jede Karte gilt für ein Spiel und enthält mehrere Kästchen mit je 15 Zahlen zwischen eins und neunzig. Für 1,50 Pfund gibt es vier Kästchen, wenn man zwei Pfund anlegt, bekommt man sechs Kästchen pro Karte. Es geht darum, die vom Spielleiter ausgelosten Zahlen abzuhaken: Wer zuerst eine komplette Reihe markieren kann, bekommt zehn Pfund, für ein ganzes Kästchen gibt es vierzig Pfund. Doch damit nicht genug: In der Halle laufen drei Kirchenangestellte herum und verkaufen Lose sowie »Jackpot-Karten« für ein Pfund.

Bingo wurde in Irland von der katholischen Kirche eingeführt – zum Entsetzen ihrer protestantischen Kollegen. Als die irische Wirtschaft in den sechziger Jahren boomte, kehrten viele Auswanderer in die irische Heimat zurück. Um die wachsende Bevölkerung seelsorgerisch adäquat betreuen zu können, mußten neue Kirchen her. Da es in Irland keine Kirchensteuer gibt, beschaffte sich der Klerus einen Teil des Geldes durch Bingo. Jede Kirchengemeinde verwandelt ihre heiligen Hallen einmal in der Woche in eine Spielhölle. Wenn es um Ostern oder vor Weihnachten besonders hohe Gewinne gibt, setzen die Veranstalter schon mal Sonderbusse ein, um die Frauen aus den benachbarten Gemeinden heranzukarren.

Ich komme mir in der Dominikanerhalle ziemlich fehl am Platz vor: Zum einen entspricht das Durchschnittsalter etwa dem meiner Schwiegermutter, zum anderen hat sich nur eine Handvoll Männer hierher verlaufen. Ihnen habe der Arzt Alkoholverbot erteilt, versichert die Bingokartenverkäuferin glaubwürdig. Die Halle ist jedenfalls gut gefüllt. Im Obergeschoß befinden sich zwei weitere Räume, die mit der Haupthalle durch eine Gegensprechanlage verbunden sind. Diese Räume sind theoretisch für Raucherinnen vorgesehen, doch in der Haupthalle schert sich niemand um die Rauchverbotsschilder, die an der schmuddelig-gelben Wand hängen. »Ich rauche seit 65 Jahren«, meint meine Banknachbarin, »und ich lebe immer noch.« Bereits vor Spielbeginn ist die Luft zum Schneiden.

Die Frauen sitzen in Gruppen auf ihren angestammten Plätzen und unterhalten sich. Sie kennen einander durch das jahrelange Bingospielen. Für die meisten ist es lediglich ein Zeitvertreib, doch ein paar Frauen nehmen die Jagd nach dem Glück durchaus ernst. Sie haben dünne Holzbrettchen dabei, an denen vier oder fünf Klammern angebracht sind. Darunter klemmen sie jeweils ein Bingobuch.

Der Spielleiter steht hinter einem viereckigen Kasten, der von weitem an einen Kaugummiautomaten erinnert. Doch an seiner Oberkante strahlt das Wort »Bingo« elektrisch erleuchtet. Der Kasten hat an der dem Publikum zugewandten Seite ein Fenster, durch das neunzig bunte Kugeln zu sehen sind. Wenn der Spielleiter das Gerät einschaltet, verstummen die Gespräche schlagartig. Die Kugeln werden eine Weile durcheinandergewirbelt, bis eine Art Rüssel eine der Kugeln nach oben saugt. Dann geht es Schlag auf Schlag. Der Spielleiter fängt die Kugel geschickt auf und verkündet die Nummer. Sekunden später ist schon die nächste Kugel da. Für viele Zahlen gibt es Kosenamen, die eingefleischten Bingospielerinnen ein Begriff sind. Mit »zwei kleine Enten« ist die Nummer 22 gemeint, »zwei dicke Ladies« sind die 66, während die elf eher schlicht »Beine« heißt. Wird die 13 ausgelost, fügt der Spielleiter unweigerlich hinzu: »Manchen bringt sie Pech.« Die Sprüche sind längst zum Ritual geworden, das seit Jahrzehnten in allen Bingohallen praktiziert wird. Die Spielerinnen lauschen konzentriert dem Spielleiter, der wie ein Muezzin Zahl um Zahl ausruft.

Schließlich schreit jemand: »Check!« Sofort kommt Leben in die Halle, die Gespräche setzen wieder ein, die Frauen vergleichen ihre Bingokarten, manche flitzen schnell zur Toilette, um den Beginn der nächsten Runde nicht zu verpassen. Der Assistent des Spielleiters bahnt sich einen Weg durch die Stuhlreihen zur Gewinnerin, kontrolliert ihren Spielschein und zahlt den Gewinn aus. Sofort beginnt das nächste Spiel, und die Gespräche verstummen wieder. Nach zehn Runden sind Bühne und Spielleiter nur noch schemenhaft durch die Rauchschwaden zu erkennen. Wenn das letzte »Check« des Abends gerufen wird, springen alle auf und strömen zum Ausgang. Niemand wartet auf die Überprüfung der Zahlenreihe – Profis machen keine Fehler, auch wenn sie 85 sind.

Annie hat zehn Pfund gewonnen. Die Hälfte hat sie ihrer Freundin abgegeben, denn die beiden teilen jeden Gewinn redlich. Den Rest wird Annie morgen beim Buchmacher auf ein Pferd setzen.

Music Pubs

Hinter der Eingangstür ist kein Weiterkommen. Die Menschen stehen dichtgedrängt am Tresen, nur die Musiker haben Anrecht auf einen Sitzplatz am einzigen Tisch gleich neben dem Eingang. Die beiden *fiddler*, der Gitarrist, die Blechflötistin und der Dudelsackspieler kämpfen gegen Stimmengewirr und Gläserklirren an – O'Donoghue's am Wochenende. Der Pub in der Dubliner Baggot Street gilt als »Wiege des Balladen-Booms und Brutstätte der *singing pubs*«, wie es in einem Reiseführer heißt.

Declan Barden ist der einzige, der in dem Chaos den Überblick behält. Zwar glänzt seine Halbglatze vor Schweiß, doch das weiße Hemd und die Krawatte sitzen tadellos. Barden, seit zehn Jahren Besitzer von O'Donoghue's, steht auf einer Trittleiter hinter dem Tresen wie ein Kapitän auf der Kommandobrücke. Von der obersten Stufe aus nimmt er die Bestellungen der hinten stehenden Gäste entgegen, die es nicht schaffen, sich bis zum Tresen durchzukämpfen. Das Stammpublikum hat eine Zeichensprache entwickelt, mit der man auch beim größten Lärm seine Bestellung aufgeben kann. »Ein Finger heißt ein Pint Guinness«, erklärt Ian, Mitte vierzig, Junggeselle und Stammgast seit 1968. »Zwei Finger heißen zwei Guinness, beide Zeigefinger bedeuten ein Guinness und ein Smithwicks.« Und ein Gin and Tonic? »Da hilft nur brüllen«, sagt Ian und schüttelt lachend seine dichten, braunen Locken. Er arbeitet gleich um die Ecke, und nach Feierabend schaut er meist auf ein Pint herein – jene 0,56 Liter, in denen das Bier gemessen wird. Manchmal bleibt er bis zur Sperrstunde um halb zwölf, sonntags und im Winter wird schon um elf geschlossen. »Das Dekor hat sich in all den Jahren kaum verändert«, erzählt er. »Nur auf der Platte, die vor der Eingangstür in den Fußboden eingelassen ist, stand früher ›O'Higgins Outfitters‹ in schöner, alter Schrift. Der vorige Besitzer, Dessie Hynes, ließ das herausreißen und seinen eigenen Namen als Mosaik einsetzen. Was kann man von einem Landei aus Longford schon anderes erwarten.«

Plötzlich stimmt einer der Musiker »The Town I Loved So Well« an, ein melancholisches, politisches Lied über Derry in Nordirland. Im Nu kehrt Ruhe ein. Wer spricht, wird von den Umstehenden mit einem energischen »Psst« zum Schweigen gebracht. Selbst im lautesten Pub wird einem Sänger diese Höflichkeit entgegengebracht – wohl deshalb, weil er es schwerer als die Instrumentalmusiker hat, sich gegen den Lärm durchzusetzen.

O'Donoghue's gehört bei den Anhängern irischer Volksmusik zu den bekanntesten Dubliner Wirtshäusern. Hier hat man den US-Senator Robert Kennedy zu einem Lied überredet, und hier haben sich die »Dubliners« kennengelernt und zum ersten Mal zusammen gesungen. In der Ecke hinter dem Musikantentisch hängen die gerahmten Porträtzeichnungen der bärtigen

Bandmitglieder. An der gegenüberliegenden Wand klebt das Werbeplakat ihrer Deutschlandtournee im November 1976. »The Dubliners, Irlands berühmteste Folkgruppe«, steht darauf in deutsch. Die Rundreise führte die Band damals nach Münster, Köln, Kiel, Hannover, Berlin und in 13 weitere deutsche Städte.

Die »Dubliners«, inzwischen in veränderter Besetzung, sind im Ausland auch heute noch das Aushängeschild der irischen Musik und tingeln nach wie vor um den Globus. Sie erwecken mit ihren rauhen Trinkliedern und *rebel songs* den Eindruck, als seien sie die authentischen Vertreter einer kontinuierlichen Tradition. Irland verfügt zwar über die lebendigste Musiktradition Europas, doch von einer ungebrochenen Entwicklung kann keine Rede sein: Mitte dieses Jahrhunderts war die traditionelle Musik in Irland fast ausgestorben. Die Dubliner Regierung hatte sie fast zu Tode geschützt: Hatten die englischen Besatzer die irischen Traditionen, die ihnen als Ausdruck eines Nationalbewußtseins suspekt waren und gefährlich erschienen, über Jahrhunderte unterdrückt, so machte sich der neue irische Freistaat nach seiner Gründung 1922 sogleich daran, die überlieferten Sitten und Bräuche zu pflegen – aber auf bürokratische Art und Weise. Die Regierung legte fest, welche Tänze, Lieder und Gesangsstile »unirisch« waren, und verbot sie kurzerhand. Genauso waren Instrumente wie Klavier, Schlagzeug und Banjo verpönt, weil sie das »Reinheitsgebot« der Regierung nicht erfüllten. Noch 1980 schrieb der Musikexperte Padraig O'Dufaigh in der Zeitschrift *Treoir:* »Nicht jedes Instrument paßt zur irischen Musik. Geige, Blechflöte, Dudelsack, Querflöte und Akkordeon eignen sich am besten für echte irische Musik. Wir müssen einschreiten, wenn wir nicht wollen, daß die große Flut von außen, die unsere Heime überschwemmt, unsere Musik ertränkt.«

Der Lyriker Ciaran Carson weist jedoch zu Recht darauf hin, daß es »traditionelle Instrumente« gar nicht gibt: »Ein Instrument ist nur ein Mittel zum Zweck – in diesem Fall zur Produktion traditioneller Musik. Ob ein Musiker nun traditionelle Musik spielt oder nicht, das muß er mit sich, seinem Instrument und der ganzen Welt ausmachen.« Allerdings räumt auch Carson ein, daß sich einige Instrumente besser für traditionelle Musik eignen als andere.

Der Dudelsack gilt wohl als das irischste Musikinstrument. Tatsächlich werden im »Dictionary of Musical Instruments« jedoch siebzig verschiedene Arten aus aller Welt aufgelistet. Außerdem ist das Instrument erst Anfang des 18. Jahrhunderts entwickelt worden. Die irische Version wird im Gegensatz zu den meisten anderen mit Hilfe eines Blasebalgs gespielt, der am Ellenbogen festgeschnallt wird – daher der irische Name *uilleann pipes*, Ellenbogenpfeifen. »Der Vorteil gegenüber dem schottischen Dudelsack liegt darin«, sagte der aus einer Familie von Fahrenden stammende berühmte *piper* Finbar Furey, »daß man beim Spielen Bier trinken kann.«

Die Zeiten, als die Furey-Brüder bei Sessions – oder *seisiúns*, wie das mehr oder weniger spontane Musizieren im Irischen heißt – im Pub auftraten, sind vorbei. Heute füllen sie Konzertsäle. Es gibt aber eine ganze Reihe Nachwuchs*piper*, die, wenn man Glück hat, bei einer solchen Session auftauchen. Schon mit ihrer Lautstärke dominieren sie das Geschehen. 21 Jahre dauert es, so sagt man, bis ein Musikant den Dudelsack beherrscht: sieben Jahre lernen, sieben Jahre üben, sieben Jahre vervollkommnen.

Die besten Musiker Nordirlands – und dazu gehören zahlreiche *piper* – spielen im Crosskeys Inn, dem schönsten Pub der Grünen Insel. Er ist nicht leicht zu finden, obwohl es an der Straße von Portglenone nach Randalstown inzwischen ein kleines Hinweisschild gibt. Wie alt die Kneipe ist, weiß niemand genau. Es könnten gut 250 Jahre sein, wie eine Untersuchung des strohgedeckten Daches ergeben hat. Früher führte die Hauptstraße von Belfast nach Derry am Pub vorbei. Dort, wo heute der Parkplatz ist, wechselte die Postkutsche die Pferde. Die gekreuzten Schlüssel sind Teil des Wappens von St. Patrick, dem Schutzpatron Irlands. Patrick war auch der Heilige des alten Ordens der Hibernier, der regelmäßig im Crosskeys Inn tagte. Damals gab es in dem Laden auch Lebensmittel sowie ein Postamt. Davon künden uralte Rechnungen im Schankraum. Am Nachmittag, wenn der Pub noch recht leer ist, wirkt er wie ein Museum: An der Decke hängen unter anderem ein hölzerner Zigarettenautomat, eine Gasmaske aus dem Ersten Weltkrieg, eine Muskete; im Flur gibt ein 150 Jahre altes Plakat Ratschläge, wie man die Kartoffelpest besiegen kann, verblaßte Reklametafeln werben für längst vergessene Genüsse.

Doch abends, wenn sich der Pub füllt, ist von Museumsatmosphäre keine Rede mehr. Dann legen die Musiker im *big room* los. Touristen und Einheimische drängeln sich an den kleinen Tischen im Kerzenschein und bugsieren Tabletts voller Guinness oder Bushmills durch die Menge. Der Whiskey – in Irland schreibt man ihn im Gegensatz zu Schottland mit »e« – stammt aus der ältesten Brennerei der Welt an der Nordküste Irlands. Älter als Bushmills ist die Tradition der Schwarzbrennereien in den versteckten Stichtälern Nordirlands. An der Wand im Crosskeys Inn hängt ein Bleistiftporträt von Mickey McIlhatton, dem legendären Schwarzbrenner, der in den Glens von Antrim hochwertigen, aber illegalen *poteen* – einen farblosen, starken Kartoffelschnaps – hergestellt hat. Der IRA-Mann Bobby Sands, der 1981 im Hungerstreik starb und kurz vor seinem Tod zum Unterhaus-Abgeordneten gewählt wurde, hat im Gefängnis ein Lied über den »King of the Glens« geschrieben. Christy Moore, Irlands Folksänger Nummer eins, hat eine Platte davon gemacht: »Im Glenravels-Glen, da lebt ein Mann, den manche als Gott bezeichnen würden; denn er heilt ihr Zittern, und eine Flasche von seinem Zeug kostet dich gerade mal dreißig Kröten: McIlhatton, bitte schön.«

Wenn sich die Musikanten die Seele aus dem Leib spielen und im *big room* kein Durchkommen mehr ist, dann öffnet Inhaber Eamonn Stinson schon mal die Küche für die Gäste, und im Handumdrehen beginnt eine zweite Session. Wenn in dem riesigen Kamin, wo Kessel und Töpfe am Haken hängen, ein Feuer lodert und knisternd die Musik untermalt, dann versteht man, warum die Fremdenverkehrszentrale in diesem Pub einen Werbefilm gedreht hat.

Seltener trifft man bei Sessions auf Harfner. Dazu ist das Instrument wohl zu unhandlich und zu leise. Die Harfe beherrschte jedoch über Jahrhunderte die irische Musik. Sie wurde solo gespielt oder zur Begleitung von langen epischen Gedichten eingesetzt, die von den *filidh* vorgetragen wurden, den Hofpoeten von hohem sozialen Rang. Harfenmusik war die Kunstmusik der keltischen *society,* die Musik der Oberschicht. Sie bestimmte, verbunden mit Tänzen und Gedichten, einen großen Teil des keltischen Lebens. Mit der zunehmenden Anglisierung Irlands begann der Niedergang der Harfner. Zwar spielten sie zunächst für beide Bevölkerungsgruppen, doch mit dem Ende der gälischen Zivilisation nach Cromwells Sieg 1649 war ihr Untergang nicht mehr aufzuhalten. Die Barden, die bis dahin eine untergeordnete Rolle spielten, begannen nun, eigene Lieder und Gedichte zu schreiben. Ihr Publikum kam, wie sie selbst, vor allem aus der Unterschicht. Doch die Hungersnot Mitte des vergangenen Jahrhunderts machte auch ihrer Musik ein Ende: In einer Zeit, in der die Bevölkerung durch Hungertod und Auswanderung auf die Hälfte dezimiert wurde, stand niemandem der Sinn nach Musik.

Die Versuche der kulturellen Wiederbelebung,

die mit dem neuen Nationalbewußtsein Anfang des Jahrhunderts unternommen wurden, wären fast an der Kulturpolitik des jungen irischen Freistaats und seiner rigiden Interpretation des »Irischseins« gescheitert. In den vierziger Jahren interessierte sich niemand mehr für irische Musik – man hörte amerikanische Schlager. Aus den USA kam jedoch auch die Inspiration, die der irischen Musik zu neuem Leben verhalf: Im Sog der Folk-Welle, ausgelöst durch Woody Guthrie, entstanden zahlreiche Balladengruppen irischer Emigranten, die amerikanische Einflüsse mit ihren traditionellen Liedern kombinierten. Die ersten waren die Clancy Brothers, die schon bald zu Plattenmillionären wurden. Ihr Erfolg sprach sich auch in Irland herum: »Es gab einen Folk-Boom, der kommerziell ausgenutzt wurde und meilenweit von den Quellen der Erneuerung irischer Musik entfernt war«, sagte der Musiker David Hammond. »Für viele Menschen klang das alles andere als angenehm.«

Zur selben Zeit gründete der klassische Komponist Seán O'Riada in Irland ein »Kammerorchester«, die »Ceoltóirí Chúlann«, mit ausgesuchten traditionellen Musikern, aus denen später die »Chieftains« hervorgingen – heute die Gralshüter der irischen Musik. Die Puristen waren zunächst entsetzt, doch der Erfolg gab O'Riada recht: Anfang der siebziger Jahre verschmolz seine Musik mit der Folk- und Balladentradition und löste damit eine Entwicklung aus, die bis heute nicht abgeschlossen ist. Donal Lunny, einer der einfallsreichsten Musiker Irlands, war unmittelbar an dieser Entwicklung beteiligt. Er sagt: »Christy Moore hat das alles in Gang gebracht, als er vor gut zwanzig Jahren ein paar Musiker zusammenholte. Er selbst, Andy Irvine, Liam O'Flynn und ich hatten damals die Idee, ein Lied mit einem traditionellen Instrumentalstück zu kombinieren. Viele Gruppen machten das dann nach.« Später waren es neben Moore und Lunny der Dudelsackspieler Davy Spillane und Gruppen wie »Planxty«, die »Bothy Band«, »Horslips« und »Moving Hearts«, die O'Riadas Werk fortsetzten. Sie entliehen aus der Rockmusik das Schlagzeug und die Verstärker, aus dem Jazz das Saxophon und schufen eine neue irische Musik, die seit den achtziger Jahren auch die internationale Rockmusik beeinflußt.

Die traditionellen Sessions gibt es aber immer noch. Heute geht es jedoch weniger spontan zu: Die Sessions sind organisiert, viele Musiker verdienen sich ihren – wenn auch bescheidenen – Lebensunterhalt oder zumindest ein paar Freigetränke damit. Nachdem O'Donoghue's in den sechziger Jahren den Weg bereitet hatte, erwarb sich Slattery's, eine andere Dubliner Kneipe, in den siebziger Jahren mit den *traditional music sessions*, die jeden Mittwoch im ersten Stockwerk stattfanden, auch bei Touristen einen geradezu legendären Ruf. Während die Musikerinnen und Musiker auf der Bühne hauptsächlich traditionelle Volkstänze spielten, war das Publikum zum Stillsitzen und Schweigen verurteilt. »Nur Zuhörer sind willkommen«, verkündete ein nicht zu übersehendes Plakat an der Wand, und selbst die Getränke mußten flüsternd bestellt werden.

Seitdem sind überall in Irland, bis ins kleinste Kaff, *music pubs* entstanden, wo an ein oder zwei Abenden in der Woche traditionelle Musiker zur Förderung des Umsatzes aufspielen. Vor allem Galway im Westen der Insel gilt als Musikstadt. Erste Adresse ist das Róisín Dubh in der Dominic Street: ein großer, verwinkelter Pub mit Wänden aus unbehauenem Stein. Durch Holzballustraden ist der Raum in viele kleine Nischen unterteilt, in der einen gibt es einen Kamin, in der anderen ein Bücherregal. Im zweiten Raum hinter einem Torbogen steht die Theke. Die Live-Musik spielt im dritten Raum. Eine richtige Bühne mit Verstärkeranlage gibt ihr allerdings einen eher offiziellen Charakter.

Wenn es im Róisín Dubh zu voll ist, geht man zu Taylor's gleich nebenan, aber da herrscht meist das gleiche Gedränge. Der Pub besteht aus einem schmucklosen Raum. Die lange Theke mit Holztrennwänden nimmt so viel Platz ein, daß es rechts nur Stehplätze gibt. Wer Live-Musik hören will, muß sich bis ans hintere Ende des Raums durchkämpfen. Links führt eine niedrige Tür zum hinteren Teil der Kneipe. Ein Tisch ist den Musikern vorbehalten. Manchmal bringen sie ihre eigene Verstärkeranlage mit, bei der die Lautsprecher auf ein Metallrohr montiert sind.

Róisín Dubh und Taylor's sind vor allem Studentenkneipen. Nur drei Minuten zu Fuß entfernt, im Hafenviertel Claddagh, liegt The Crane, wo früher ausschließlich Hafenarbeiter verkehrten. Der Schankraum mit seiner niedrigen Decke ist schäbig möbliert, an den wackeligen Resopaltischen spielen alte Männer Karten. Hinter der Theke stehen ganze Batterien kleiner Whiskeyfläschchen bereit – in Arbeiterpubs ein traditioneller Seelentröster für daheimgebliebene Ehefrauen. Gegenüber vom Tresen führt eine schmale Treppe nach oben. »Ladies« verkündet ein Schild. Doch im ersten Stock ist nicht nur die Damentoilette, sondern auch ein gemütlicher Raum mit dunkelbraunen Dachbalken und gepolsterten Bänken. Es gibt wenige Orte in Irland, wo man mit mehr Begeisterung Musik macht. Die Qualität, das gibt Besitzer David Larkin gerne zu, schwankt, aber wenn die um den Tisch am Fenster gruppierten Musiker ihre *jigs, reels* und *hornpipes* spielen, dann herrscht auch an einem Montagabend Wochenendstimmung.

Die irische traditionelle Musik gliedert sich in zwei Kategorien: Instrumentalmusik, die zum überwiegenden Teil als Begleitung für Volkstänze diente, und Gesang, der meistens unbegleitet im »alten Stil« – oder *sean nós* – vorgetragen wird. *Sean nós* ist eine Art rezitativer Gesang, der oft nur eine Oktave umfaßt. Es gibt keine feste Melodie – sie wird von Strophe zu Strophe variiert. Dieser Stil ist eng mit der irischen Sprache verbunden und erinnert an orientalischen Gesang. Margit Wagner schrieb in ihrem Buch »Irland« darüber: »Man preßt die Töne hervor, als sei man ein Muezzin, und nicht anders als deren östliche Töne kommen und gehen die irischen Melodien in gleichförmiger Weise.«

Wenn Des O'Halloran in Day's Pub zu einem *sean nós* ansetzt, verstummen die Gespräche.

O'Halloran heißen viele auf Inishbofin, der kleinen Insel zehn Kilometer vor Connemara im Westen: Laut Volkszählung von 1993 sind es acht von vierundsiebzig Familien; aus ihnen sind eine ganze Reihe hervorragender Musiker hervorgegangen. Neben Des O'Halloran zum Beispiel Francie O'Halloran, der *fiddler,* und Michael Joe O'Halloran, der die *bodhran* spielt, eine mit Ziegenfell bespannte Trommel. Wegen der Musik kommen die Menschen im Sommer aus allen Landesteilen nach Inishbofin.

Die Überfahrt von Cleggan mit der »Queen«, einer kleinen Personenfähre, dauert eine halbe Stunde. Morgens und abends fährt das Boot von April bis September, im Juli und August auch mittags. Die Einfahrt in den Naturhafen von Inishbofin ist allein schon die Reise wert. Rechts an der Hafeneinfahrt ragt die Ruine eines spanischen Piratenschlosses aus dem 16. Jahrhundert hoch, darunter ziehen sich lange Sandstrände hin, die aufgrund der irischen Witterung und der Wassertemperatur freilich nicht gerade überlaufen sind.

Das Auto kann man nach Inishbofin nicht mitnehmen. Einige Inselbewohner besitzen Fahrzeuge, die aber schon bessere Zeiten erlebt haben. Manche, so scheint es, werden nur noch vom Rost zusammengehalten. Es gibt keinen TÜV auf Inishbofin – und keinen Polizisten, der die Sperrstunde kontrolliert. Wenn auf dem Festland die Zapfhähne versiegen, geht es bei Day's erst richtig los. Der Pub liegt nur zweihundert Meter vom Pier entfernt, gleich neben Day's Hotel.

Gabriel O'Halloran steht am Tresen. Er ist Fischer, und er ist angezogen, als ob er auf hoher See wäre: Er trägt trotz der Wärme, die das Torffeuer im Kamin verbreitet, einen windfesten Anorak und eine schwarze Pudelmütze, unter der strähnige, graue Haare hervorschauen. Er trinkt schnell. »Es ist schon eine Ironie des Schicksals«, sagt er. »Meine Tochter Pamela hatte immer Angst um mich, wenn ich auf See hinausgefahren bin, während ich mir nie Sorgen um sie gemacht habe. Und nun ist sie ertrunken.« Pamela war 19. Nach einer feuchtfröhlichen Feier ist sie spät nachts vom Pier gefallen. Vor zwei Wochen war die Beerdigung.

Die Musiker legen zusammen und stellen Gabriel O'Halloran ein Pint hin. Paddy, der *fiddler,* hat sich fein gemacht. Er trägt ein weinrotes Jackett und spielt mit den beiden anderen *fiddlern* um die Wette. Sobald einer die ersten Takte eines Stücks gespielt hat, stimmen die beiden anderen sowie der Banjospieler und der Mann mit dem Knopfakkordeon ein, ihr Repertoire scheint unerschöpflich. Ab und zu steuert Des O'Halloran ein Lied bei.

Bis man den neuen Pier gebaut hatte, war die Bootsanlegestelle direkt vor der Tür von Day's Pub. Der Tresen ragt wie ein Schiffsbug in den Raum hinein, und überall hängen Bootsutensilien herum. Für die Jugendlichen, die mit traditioneller Musik nichts im Sinn haben, gibt es im linken, etwas höher gelegenen Teil einen Billardtisch. Um zwei Uhr morgens macht der Pub schließlich dicht, die Musiker und die meisten Gäste haben bis dahin ausgeharrt.

»Vor zwanzig Jahren gab es auf Inishbofin noch keine Elektrizität«, erzählt der Dichter Seán Brophy aus Dublin. »Das Hotel hatte einen Generator, der furchtbaren Lärm gemacht hat. Wer einmal hier war, kommt immer wieder, weil Landschaft und Musik einmalig sind. Sich hier niederzulassen ist allerdings eine andere Sache: Man hat vor fünf Jahren versucht, arbeitslose Familien aus dem Dubliner Ghetto Darndale hier anzusiedeln. Davon ist nur noch eine junge Frau übrig, sie hat einen Einheimischen geheiratet. Die anderen sind alle wieder weggezogen, es war ihnen wohl zu einsam. Das Jahresende kommt auf Inishbofin schon im September. Danach beginnt der lange, harte Winter. Die Insel erwacht erst wieder zu Ostern. Und dann fängt auch die Musik wieder an.«

Ein Indianer zu Besuch bei Böll

»Mayo – God help us! Sobald nur das Wort Mayo fällt, fügen die Iren hinzu: ›God help us!‹ Es klingt wie die Antwort in einer Litanei: ›Herr, erbarme dich unser!‹« Seit Heinrich Böll vor 35 Jahren sein »Irisches Tagebuch« schrieb, hat sich in der westirischen Grafschaft nicht viel verändert. Noch immer gehört Mayo zu den ärmsten Regionen Westeuropas, noch immer verlassen die Menschen das karge Land und gehen nach Dublin, nach England oder in die USA. Je weiter man nach Westen vordringt, desto menschenleerer ist die Gegend.

Hinter Mayos Hauptstadt Castlebar führt eine Drehbrücke über den schmalen Sund – den Achill Sound – nach Achill Island, die mit 142 Quadratkilometern größte Insel vor der Küste Irlands. Achill scheint nur aus atemberaubenden Klippen, Heide und Moor zu bestehen, die wenigen Bäume wachsen wegen der stürmischen Atlantikwinde in einem Winkel von 45 Grad aus dem Boden. Am Fuß des 661 Meter hohen Slievemore an der Nordküste Achills liegt das Dorf Dugort. Gleich am Ortseingang steht an der rechten Seite ein hufeisenförmiges Cottage in frischem Weiß: Heinrich Bölls Haus, das in ein Schriftstellerzentrum umgewidmet wurde.

»Das Projekt stand schon mindestens vier Jahre im Raum«, sagt Bölls Sohn René. »Wir hatten bisher jedoch nie die richtige Form gefunden.

Die irische Seite hat es dann stark vorangetrieben. Das Haus gehört weiterhin unserer Familie, wird jedoch der Heinrich-Böll-Stiftung und einem irischen Trägerverein, der bisher noch keinen Namen hat, zur Verfügung gestellt.« Das Haus bietet Platz für jeweils zwei Schriftsteller, die hier für einen längeren Zeitraum leben und arbeiten können. Ein weiteres Haus, das der Familie Böll auf Achill gehört, soll später noch dazukommen. Der Aufenthalt ist nicht projektgebunden und wird mit 1500 Mark monatlich unterstützt. »Die Unterhaltskosten tragen beide Seiten«, sagt Berthold Langerbein von der Heinrich-Böll-Stiftung. »Das Haus war in sehr schlechtem Zustand, weil lange Zeit niemand darin gewohnt hat. Es ist im letzten Jahr renoviert worden. Vorher gab es keine Heizung, nur Kamine und ein kleines Elektrogerät.«

Ursprünglich bestand das Haus lediglich aus einem winzigen Cottage und einem Schuppen mit Garage im Hof. Heinrich Böll hat den Schuppen und die Garage zu drei kleinen Zimmern ausbauen und auch die Verbindung zum Cottage anbauen lassen. In der ehemaligen Garage steht sein Schreibtisch – eine Holzplatte auf Böcken – mitsamt dem Holzstuhl. »Einige seiner Romane sind an diesem Schreibtisch entstanden«, erzählt René Böll. »Ich weiß allerdings nicht, welche. Er sagte, er hätte hier immer am besten arbeiten können.«

Wie ist Böll überhaupt nach Achill gekommen? »Mein Vater ist 1954 zum ersten Mal durch Irland gereist und durch einen Bekannten auf Achill aufmerksam gemacht worden«, sagt René Böll. »Wir sind dann ab 1955 zwei oder drei Jahre lang jeden Sommer nach Achill gekommen und ein paar Monate geblieben. Wir waren zuerst in Keel auf der anderen Seite der Insel. Dort hat mein Vater auch das ›Irische Tagebuch‹ geschrieben. Dann haben wir 1958 das Haus hier gekauft.« Da René Böll früh von der Schule abgegangen ist, hat er viele Monate mit seinem Vater in Dugort verbracht.

Bei der Einweihung des Schriftstellerzentrums sind Menschen aus allen Teilen Achills gekommen, um das Haus zu besichtigen. Die offizielle Feier wird deshalb in die dreihundert Meter entfernte »Colony« verlegt, eine L-förmige protestantische Siedlung, die 1834 gegründet wurde, um die katholischen Inselbewohner zu missionieren. Heute gibt es nur noch eine Handvoll Protestanten, die kleine Kirche hat keinen eigenen Pfarrer mehr. »Wir sind nur noch wenige«, erzählt Frau McDowell, die eine kleine Pension in der »Colony« betreibt und das größte Frühstück der Insel serviert. »Aber wir kommen mit unseren katholischen Nachbarn sehr gut aus.«

Die offiziellen Redner, darunter auch der deutsche Botschafter Martin Elsässer, singen ein Loblied auf Böll. Das war nicht immer so. Früher wurde er nicht nur von CDU-Politikern als »Terroristenfreund« bezeichnet. »Man muß aber fairerweise sagen, daß es immer auch Politiker gab, die zu meinem Vater gestanden haben, wenn auch nur wenige«, betont René Böll. »Es war eine harte Zeit. Während der Schleyer-Entführung hatten wir bei uns Hausdurchsuchung, vierzig Mann von der GSG-9. Wir waren zwei Stunden aus dem

Haus, da kamen sie, schlugen das Fenster ein und durchwühlten alles. Das war fürchterlich. Zwischen 1972 und 1977 hatten wir insgesamt fünf oder sechs Hausdurchsuchungen.«

Unter den Gästen sind auch einige, die Böll im »Irischen Tagebuch« verewigt hat: »Um sich abzulenken, hat die junge Arztfrau angefangen zu stricken, aber bald schon hat sie Nadel und Wollknäuel in die Sofaecke geworfen«, heißt es im Kapitel »Die schönsten Füße der Welt«. Böll beschreibt, wie die Frau voller Sorge auf ihren Mann wartet, der mitten in der stürmischen Nacht zu einer Schwangeren ins Haus an den Klippen am anderen Ende der Insel gerufen wurde. Nach vielen Stunden des Wartens sieht sie endlich den Lichtkegel und hört das Motorengeräusch des Wagens. Der Arzt kehrt mit dem Honorar zurück, einem »riesigen Kupferkessel, der von der Armada stammen soll«.

35 Jahre später erzählt Frau King, die »junge Arztfrau«: »Dieses Kapitel ist entstanden, als Böll bei uns zu Hause war. Es hat sich alles so abgespielt, aber den Kupferkessel gibt es nur in seiner Vorstellung. Wahrscheinlich steht er symbolisch für irgend etwas, vielleicht wollte er damit meinem Mann ein Denkmal setzen.« Aus den Gesprächen wird deutlich, daß Böll von den Bewohnern in die enge Inselgemeinschaft aufgenommen worden war, was durchaus nicht selbstverständlich ist. Besonders in den entlegenen Regionen Irlands bleiben selbst die Nachfahren von »Zuwanderern« – auch wenn sie nur aus Dublin oder Cork kamen – oftmals Außenseiter.

»Als Böll zum ersten Mal nach Achill kam, war er sehr arm«, sagt Frau King. »Er war schon bald eine sehr familiäre Figur in der Landschaft.« Tom McNamara fügt hinzu: »Er war ein Gentleman in jeder Hinsicht. Es ist ihm gelungen, das Leben und die Landschaft akkurat einzufangen – sogar das verlassene Dorf. Wir sehen das jeden Tag, doch er kam und sah es mit anderen Augen. Das hat uns gelehrt, wie wir es vielleicht sehen sollten. Es ist ein großes Privileg für uns, daß er Teil des Lebens auf Achill war.« Und Ted Lavelle, dem früher die Tankstelle am Sund gehörte, sagt: »Er kam zweimal in der Woche zu mir. ›Volltanken, Ted‹, sagte er immer. Er war ein wunderbarer Mensch.«

Tom McNamara und Frau King gehören dem irischen Trägerverein an, der die *writers in residence* auswählt. »Es war schon lange mein Traum, daß dieses Haus ein Zentrum für Schriftsteller wird. Endlich ist er in Erfüllung gegangen. Ich bin sehr glücklich.« Von der irischen Seite ist Macdara Woods ausgewählt worden, der ein paar Wochen in dem Haus verbringen wird. »Ich habe seit Jahren ein Gedichtprojekt im Kopf, das ich hier endlich verwirklichen will«, sagt Woods. Er teilt sich das Haus mit Tom Lablanc, der von der Heinrich-Böll-Stiftung als erster den Zuschlag erhielt. Lablanc, ein Indianer aus Arizona, schreibt Gedichte, in denen er die indianische Kultur vermitteln will.

Am nächsten Tag ist Dugort wie ausgestorben. Nur Tom Lablanc, der Sioux mit den langen schwarzen Haaren, läuft über die nasse Wiese am

Fluß entlang. Die Menschen von Achill werden dafür sorgen, daß er sich hier wohl fühlt. Wenn er sich nur an den Regen gewöhnt. »Der Regen ist hier absolut, großartig und erschreckend«, schrieb Böll im »Irischen Tagebuch«. »Man kann diesen Regen schlechtes Wetter nennen, aber er ist es nicht. Er ist einfach Wetter, und Wetter ist Unwetter.«

Die Hexen von Islandmagee

Hochspannungsleitungen überziehen die Insel wie ein Spinnennetz. Sie kommen aus allen Richtungen und laufen an der Nordspitze von Islandmagee beim Ballylumford-Kraftwerk mit seinen drei hohen Schornsteinen zusammen. »Die Umstellung von Öl- auf Gasfeuerung mit Hilfe von EU-Geldern wurde im April 1996 begonnen und im November 1996 fertiggestellt«, steht stolz auf einem riesigen Schild hinter dem hohen Zaun, durch den das Kraftwerk gesichert ist.

Islandmagee ist eine elf Kilometer lange Halbinsel nördlich von Belfast. Ausländische Touristen verirren sich nur selten hierher, obwohl die Hafenstadt Larne gleich nebenan ist, wo die Fähren aus Schottland anlegen. Wenn man die Stromleitungen einmal außer acht läßt, wirkt Islandmagee wie eine vergessene Insel, die sich vom Küstenstreifen, vor dem sie herausragt, durch viele Kleinigkeiten unterscheidet: Während in Whitehead, der letzten Ortschaft vor der Abzweigung auf die Halbinsel, mehrere Wellblechcontainer mit politischen Parolen bemalt sind, sucht man auf Islandmagee vergeblich nach Graffitti; Hinweisschilder für *Bed and Breakfast* sind seltener, die Straßen unebener, die Menschen gelassener. Islandmagee habe einen ganz eigenen Charakter, sagt Rosemary Evans vom nordirischen Fremdenverkehrsamt.

Die Spitzen der vielen Hügel auf Islandmagee

sind schneebedeckt. Von weitem sehen auch die zwölf grünen Lastzüge, die an der kleinen Straße zum Hafen von Ballybay geparkt sind, wie eingeschneite Hügel aus. Die Lastwagen gehören einer Spedition, die hier ihre Niederlassung hat. Ein paar Kilometer weiter führt die Straße steil zum Hafen hinunter. Das Gefälle betrage 25 Prozent, so warnt ein Schild. Am Ende der Straße liegt links ein großer Parkplatz, doch weit und breit ist kein Auto zu sehen. Die kleine blaue Holzhütte, wo im Sommer Erfrischungen verkauft werden, ist mit Brettern vernagelt. Der Wohnwagenplatz auf der anderen Seite der Straße ist geschlossen, die Palmen an der Einfahrt scheinen wie eine ferne Erinnerung an das vom Golfstrom geprägte, eigentlich milde irische Klima. Selbst der Bauernhof neben dem Caravan Park scheint verlassen.

Lediglich aus einem der vier zweistöckigen Reihenhäuser links am Hügel steigt Rauch aus dem Schornstein. Frau Dunwoody hat ein Torffeuer im Kamin angezündet. Sie hat Mitleid mit uns und lädt uns zu einer Tasse Tee ein. Ihre grauen Haare sind kurz geschnitten, sie trägt eine ausgebeulte Strickjacke aus grüngefärbter Schafwolle. Ob wir noch bei Trost seien, bei diesem Wetter im Hafen herumzulaufen, will sie wissen. Der Wind ist jetzt stärker geworden und peitscht die graue See über den Strand. Im Sommer sei es anders, sagt Frau Dunwoody. Da kämen an den Wochenenden die Leute aus Belfast und Larne und badeten in der Irischen See.

Sie wohnt seit neun Jahren in dem Sozialbau

mit drei kleinen Zimmern, Küche und Bad. »Seit mein Mann gestorben ist«, sagt sie. Dann trägt sie den Tee auf einem silbernen Tablett auf, dazu gibt es Schokoladenkekse. Frau Dunwoody stammt aus Larne. Kinder hat sie nicht, aber einmal im Monat fährt sie nach Belfast und besucht ihre Schwester. Ob wir schon den Dolmen gesehen hätten, fragt sie. Das sei die berühmteste Sehenswürdigkeit auf Islandmagee.

Wir fahren zur Ballylumford Road Nummer 91. Links vom Haus führt ein Tor in den Hof. Auf den beiden Betonsockeln beiderseits des Tores stehen zwei fürchterliche Steinfiguren, vermutlich Löwen, aber genau kann man es nicht erkennen. Ein Schild daneben weist auf den »Ballylumford Dolmen« hin: ein Grab mit nur einer Kammer, das zwischen 2000 und 1500 v. Chr. errichtet wurde. »Funde deuten auf die Bronzezeit hin«, steht auf dem Schild, »aber es gibt keine Beweise für eine Verbindung zu den Druiden.«

Der Dolmen steht direkt vor der roten Eingangstür des Hauses. Vier riesige Grundsteine, auf denen eine massive Steinplatte ruht, drumherum eine schwarze Kette. Wenn man ins Haus will, muß man sich an dem Ungetüm vorbeizwängen. Vermutlich benutzt die Familie den Hintereingang. Warum hat man das Haus ausgerechnet so gebaut, daß der Dolmen genau vor dem Eingang steht? Zwar ist das Haus fast ein Vierteljahrtausend alt, aber der Dolmen war schon vorher da. Es ist niemand zu Hause, den man fragen könnte. Im Fenster warnt ein rotes Schild: »Privat!« Für diejenigen, die sich davon nicht abschrecken lassen, gibt es eine zweite Warnung: »Vorsicht vor dem Hund!«

Ein schwarzer Hund aus Holz ist auch an das Gartentor in der Gobbins Road Nummer 181 genagelt. Er sieht aus, als ob er gerade im Begriff sei, einen Haufen zu machen. Merkwürdigerweise handelt es sich bei dem Haus um Mrs. P. Quinns »Inglenook Cattery«, ein Ferienheim für Katzen, deren Besitzer Urlaub ohne ihr Haustier machen wollen – »vom Ministerium zugelassen«, wie ein Schild versichert. Frau Quinn führt ein strenges Regime: »Der Katzenzwinger schließt um 18 Uhr«, steht neben der Klingel.

Ein kleiner Junge, er ist etwa acht, kommt aus dem Haus gelaufen. Wir fragen ihn, wo die Gobbins, die steilen Basaltklippen, seien. Er zeigt nach Osten. »Es ist gar nicht weit zu der Stelle, wo die Soldaten aus Carrickfergus die Einheimischen von den Gobbins ins Meer warfen«, erzählt er. In der Nacht des 23. Oktober 1641 griffen die einheimischen Iren in der ganzen Provinz Ulster die protestantischen Siedler an, die von der englischen Krone für treue Dienste mit Grundbesitz in Irland belohnt worden waren. Viele der Siedler flohen nach Carrickfergus, eine Garnisonsstadt zehn Kilometer südlich von Islandmagee. Dort stellte der schottische General Munro eine Armee von dreitausend Mann auf, schlug die Rebellion blutig nieder und rächte sich mit einem Massaker an den Bewohnern von Islandmagee.

Das habe er in der Schule gelernt, sagt John, wie der Junge heißt. Sein Freund Phil, der ein gutes Stück älter ist, kennt eine andere Geschichte. Ganz in der Nähe habe Mary Dunbar gewohnt, die im Jahr 1711 berühmt wurde, weil sie acht Frauen an den Pranger brachte, sagt er. »Sie wohnte im Haus von Herrn Hattridge, und dort geschahen merkwürdige Dinge. Gegenstände bewegten sich plötzlich. Als Mary Dunbar dann auch noch schmerzhafte Anfälle bekam, waren die Nachbarn überzeugt, daß sie von Hexen gequält wurde.« Der Hexenglaube war damals weit verbreitet. Nach jedem Anfall beschrieb Mary Dunbar eine der Übeltäterinnen, die sie für ihr Leiden verantwortlich machte, und nannte sie beim Namen, obwohl sie die acht Frauen vorher angeblich nie gesehen hatte.

Die Church of Ireland verhörte die Frauen. Sie beherrschten zwar die einschlägigen Gebete und konnten Zeugen vorweisen, die sie beim Kirchgang gesehen hatten, aber dennoch verurteilte man sie zu zwölf Monaten Gefängnis. Außerdem mußten sie viermal an den Pranger. »Die Leute bewarfen sie mit Eiern und faulem Gemüse«, erzählt Phil. »Eine der Frauen verlor dabei ein Auge.« Es war der letzte Hexenprozeß in Irland.

Weiter südlich führt eine schmale Brücke aus Stein über den Sund zurück auf die Küstenstraße. Hinter dem versteckt liegenden Bahnhof von Ballykelly gabelt sich die Straße. Rechts nach Larne sind es sieben Meilen, aber wir fahren links sechs Meilen nach Carrickfergus.

Es ist die »britischste Stadt« Irlands – nicht nur wegen der Bordsteine, die im Blau-Weiß-Rot des Union Jack angestrichen sind. Die Burg, die auf einem Felsen am Meer steht und das Stadtbild prägt, war von entscheidender Bedeutung für die Sicherung der anglo-normannischen Herrschaft in Irland. Sie stammt aus dem Jahr 1180. Eine Zeitlang war Carrickfergus der einzige Ort im Norden der Insel, wo Englisch statt Gälisch gesprochen wurde. Bis weit ins 19. Jahrhundert war Carrickfergus die wichtigste Stadt im Nordosten, doch dann übernahm Belfast diese Rolle.

Carrickfergus ist eine ordentliche Stadt, das merkt man gleich. Auf den Straßen liegt kein Abfall, an den Laternen hängen Schilder, die den öffentlichen Genuß von Alkohol untersagen. Links am Ufer liegt ein Industriepark, daneben das Andrew Jackson Centre. Die Eltern des späteren US-Präsidenten waren 1765 aus Carrickfergus nach Amerika ausgewandert. Heute steht eine Nachbildung ihres Cottage auf dem Grundstück, doch im Winter ist es geschlossen – ebenso wie das benachbarte US Rangers Centre, wo das Erste Bataillon der Elitetruppe 1942 auf die Invasion der Normandie vorbereitet wurde.

Die Schattenseiten von Carrickfergus sind dagegen gut versteckt. Auf der rechten Seite hoch über der Stadt liegt die Glenfield-Siedlung. Bei schönem Wetter soll man Schottland von hier aus sehen können. Doch wer in Glenfield wohnt, ist nicht wegen der Aussicht hier, sondern weil er keine andere Wahl hat. 15 Prozent der 230 Häuser stehen leer, sie sind mit Wellblech und Brettern verbarrikadiert, damit sie nicht von Jugendlichen zerstört werden. Keiner will die Häuser haben, obwohl mehr als hundert Menschen auf der Warteliste des Wohnungsamts stehen. »Selbst die

Obdachlosen wollen nicht einziehen«, sagt eine Anwohnerin. »Hier regiert die UVF.«

Der gesamte Küstenstreifen von Larne bis nach Belfast ist zu 95 Prozent protestantisch, Carrickfergus ist die traditionelle Hochburg der Ulster Volunteer Force (UVF), jener bewaffneten Organisation, die sich Loyalität zur britischen Krone auf ihre Fahnen geheftet hat. In der Glenfield-Siedlung kontrollieren die Mitglieder den Drogenhandel, so heißt es. »Wer ihnen ins Gehege kommt, macht mit ihren Eisenstangen und Baseballschlägern Bekanntschaft«, erzählt die Anwohnerin.

Neben dem hochgesicherten kleinen Einkaufsladen am Rand der Siedlung steht ein elektrischer Generator. Um den häßlichen Kasten zu verschönern, hat der zuständige Stadtrat Billy Hamilton vom politischen Flügel der UVF einen Künstler beauftragt, der unter Mithilfe der Kinder eine Landschaft malte. »Am nächsten Tag waren Gemälde und Generator abgebrannt«, sagt Hamilton. »Die Jungs mochten es nicht – wegen der orangefarbenen Sonne, der weißen Wolken und der grünen Wiese.« Orange – Weiß – Grün: das sind die Farben der irischen Trikolore. Statt dessen prangt auf dem neuen Generator King Billy, wie Wilhelm III. von seinen Anhängern fast zärtlich genannt wird.

Und Anhänger hat er in Carrickfergus viele. Die Stelle an der Pier, wo er am 14. Juni 1690 landete, bevor er einen Monat später seinen katholischen Widersacher und Schwiegervater Jakob II. in der Schlacht am Boyne besiegte und die protestantische Thronfolge sicherte, ist durch eine Plakette markiert. Es dauerte 270 Jahre bis zum nächsten Besuch einer königlichen Hoheit: Queen Elizabeth kam 1960 mit ihrer Yacht »Britannia« nach Carrickfergus. Darauf wird auch bei der historischen Gondelfahrt, der jüngsten Attraktion von Carrickfergus, stolz verwiesen.

Hinter dem Rathaus, dem früheren Gerichtsgebäude, wo die Hexenprozesse stattfanden, liegt die Antrim Street. Wo damals das Gefängnis war, kann man sich heute in rot-blau angestrichenen Gondeln, die an einer Schiene hängen, in 15 Minuten durch achthundert Jahre Geschichte schaukeln lassen. Während man zunächst über den mit einer Glaskuppel überdachten Innenhof schwebt, dröhnen aus den in die Gondel eingebauten Lautsprechern Informationen: Es geht zuerst um Auswanderung, um die Jacksons und um Fischfang. Unter der Glaskuppel schlängeln sich silbrige Fische, die durch einen Elektromotor bewegt werden. Dann biegt die Gondel in das Innere des alten Gefängnisses ein.

Es ist stockfinster. Plötzlich tauchen die Hexen von Islandmagee auf und quälen die arme Mary Dunbar. Eine schwarze Katze mit funkelnden Augen schreit, und hinter der nächsten Biegung hängen zwei heruntergekommene Gestalten am Galgen. Es sei wie in einer Zeitmaschine, ruft es aus dem Lautsprecher. In Wirklichkeit ist es wie eine Geisterbahn mit Schlachtenlärm und Schießpulvergeruch. Am Ausgang steht eine wächserne Nachbildung von Deafy McKie, dem tauben Glöckner aus dem 19. Jahrhundert. Eine furchterregende Gestalt: zottelige weiße Haare, ein wilder

Bart und ein brauner, zerschlissener Mantel. In der Hand hält er eine schwere Messingglocke. Ein Witzbold hat ihm den Klöppel gestohlen, und so schwingt Deafy seine Glocke, ohne zu merken, daß sie keinen Ton von sich gibt.

Vor dem Tor des Gefängnisses fand 1844 die letzte öffentliche Hinrichtung statt. Der Soldat Cordorey hatte seinen vorgesetzten Sergeanten im Streit um eine Frau erschossen. Weil er erst 19 Jahre alt war, empörte man sich über die Hinrichtung, und fortan wurden die Leute hinter verschlossenen Türen ins Jenseits befördert.

Oder sie kamen ins Burgverlies, das bis weit ins 19. Jahrhundert als Staatsgefängnis diente. Heute ist es so etwas wie ein mittelalterliches Disneyland mit nachgebildeten Rittern zu Pferde, Bogenschützen, Burgfräulein – und Gefangenen, deren jämmerliches Wimmern vom Band tönt. Eine Touristin aus Boston, die am vergitterten Fenster ein Streichholz angezündet hat, schreit plötzlich auf: Aus dem dunklen Verlies reckt sich ihr eine Plastikhand entgegen. »Sieht verdammt echt aus«, meint sie erleichtert.

Im Inneren der Burg gibt es eine Glasplatte im Fußboden. Wenn man sich daraufstellt, sieht man in ein großes Loch, das bis tief in den Felsen reicht. Es ist der Brunnen, den Fergus gesucht hat. Jener Fergus, König von Schottland, kam im sechsten Jahrhundert nach Irland, um den legendären Brunnen zu finden, dessen Wasser ihn von der Lepra heilen sollte. Doch sein Schiff zerschellte an dem Felsen, auf dem jetzt die Burg steht. Carrickfergus: der Felsen des Fergus.

Ganz oben unter dem Dach ist ein Spielzimmer für Kinder eingerichtet: überdimensionale Schachfiguren, mittelalterliche Würfelspiele sowie Umhänge, Pluderhosen und Narrenkappen zum Verkleiden. Für einen Moment kommt die Sonne durch, und aus dem Fenster hoch über dem Felsen kann man über das glitzernde Meer bis zum Kraftwerk auf Islandmagee blicken.

Der Berg ruft

Der kleine Ort Murrisk in der westirischen Grafschaft Mayo ist schon bei Morgengrauen hoffnungslos verstopft. Tausende Autos, Motorräder und Reisebusse sind in den engen Gassen und am Ufer der Bucht geparkt. Es geht jedoch keineswegs um ein Fußballspiel, sondern um den Croagh Patrick, Irlands heiligen Berg. Am letzten Sonntag im Juli ruft der Berg die Gläubigen Irlands zur Buße. Dem Ruf folgen jedes Jahr sechzigtausend Pilger. Ein ständiger Strom von Menschen weist den Weg zum Pilgerpfad. Vom Fuße des 753 Meter hohen Berges sieht der Aufstieg wie ein Kinderspiel aus. Auf dem ersten Teil der Strecke lagern Devotionalienhändler am Wegesrand, die an Kitsch schwer zu übertreffende Bilder des heiligen Patrick anbieten.

Dieser Patrick, Irlands Schutzpatron, soll im Jahr 441 auf dem Gipfel des Berges vierzig Tage gefastet und Pläne für die Christianisierung der Insel geschmiedet haben. Sodann trieb er sämtliche Schlangen ins Meer – bis heute hat sich keines der fußlosen Kriechtiere wieder in Irland blicken lassen – und begann, seine Pläne höchst erfolgreich in die Tat umzusetzen. Patrick war um 405 als Sklave auf die Grüne Insel gekommen. Die Kelten unternahmen nach der Eroberung Irlands Raubzüge nach Schottland und Wales und beschleunigten damit die Auflösung der römischen Zivilisation in Großbritannien. Bei einem dieser

Angriffe wurde Patrick nach Irland verschleppt. Sechs Jahre später gelang ihm jedoch die Flucht nach Großbritannien, wo er später die Priesterwürde erwarb. Erst 432 kehrte er nach Irland zurück, gründete Kirchen und berief Priester und Bischöfe. Soweit die Legende.

Geschichtsschreiber sehen seine Rolle etwas nüchterner. Der Historiker Gearoid Mac Niocaill glaubt, daß Patrick lediglich einer von vielen Missionaren des fünften Jahrhunderts war. Allerdings war er der einzige, der seine Aktivitäten schriftlich dokumentiert hat. Über sein Todesdatum sind sich die Historiker nicht ganz einig, Patricks »Geburtstag« ist jedoch über alle Zweifel erhaben: Es war der 17. März, heute irischer Nationalfeiertag, der von Iren in der ganzen Welt mit Umzügen und Trinkgelagen begangen wird. In Chicago werden an diesem Tag der Fluß und sogar das Bier grün eingefärbt.

Beim Aufstieg auf den Croagh Patrick ist Alkohol jedoch verpönt – schließlich geht es um Buße. Kinder und Jugendliche bieten lediglich Limonade zum Kauf an, die sie mit Lasteseln hochgeschleppt haben. Je höher man steigt, desto teurer werden die Getränke. Während eine Dose Cola am Fuß des Berges noch fünfzig Pence kostete, muß man auf dem Gipfel bereits ein Pfund hinlegen. Der Aufstieg ist mühsamer als erwartet. Als der Pfad nach halber Strecke schmaler wird, ist das Gedränge beängstigend. Die ersten Verletzten müssen auf Tragbahren abtransportiert werden. Zweihundert Freiwillige des Malteserkreuzes sind im Einsatz und senden Patrouillen im Dreißig-Minuten-Rhythmus zum Gipfel. Innerhalb einer Stunde erleben die Pilger alle vier Jahreszeiten. Auf dem oberen Teil des Weges wird endgültig deutlich, warum der Aufstieg als Buße gilt: Der Pfad wird zu einer steilen Halde aus Quarzitgeröll, das sich unter den Schritten der Pilger löst und kleine Steinlawinen verursacht. Viele Sünder haben sich verschärfte Buße auferlegt: Sie erklimmen den Berg barfuß und ziehen eine Blutspur hinter sich her. Andere tragen Sandalen oder Stöckelschuhe – die Iren sind kein Bergvolk.

Die Aussicht vom Gipfel entschädigt für drei Stunden Kletterei. Im Norden blickt man auf Clew Bay mit ihren vielen kleinen Inseln. Zur elisabethanischen Zeit hat hier die Piratenkönigin Grace O'Malley die Gewässer unsicher gemacht. Südlich kann man bei gutem Wetter bis zu den Twelve Bens in Connemara sehen. Doch die Gläubigen haben die Strapazen nicht auf sich genommen, um die Landschaft zu genießen: Auf dem Gipfel befindet sich eine Kapelle, wo an diesem Julisonntag jede halbe Stunde eine Messe stattfindet. Der Priester sei mit dem Hubschrauber zum Gipfel geflogen worden, wird gemunkelt. An der rechten Seite der Kapelle stehen die Menschen zur Kommunion an, an der linken zur Beichte. Fast alle sind mit einem Rosenkranz bewaffnet. Vor dem Eingang ist mit einem Steinkranz das »Bett« Patricks markiert, die Stelle, an der er geschlafen haben soll.

Die Iren galten schon immer als pilgerfreudig. Die Motive dafür sind unterschiedlich. Theologieprofessor Enda McDonagh aus Maynooth sagt, eine Pilgerfahrt sei ein Massenerlebnis, bei dem Hierarchien vorübergehend verschwinden können. Pauschalreisen inklusive Sündenvergebung nach Rom, Lourdes und Fatima sind noch immer regelmäßig ausgebucht. Für viele junge Leute spielte sicher auch der Arbeitsmangel und die Armut in der Heimat bei der verhältnismäßig häufigen Entscheidung eine Rolle, als Mönche und Nonnen in den Missionarsdienst einzutreten. Auch Wunder geschehen in einem Land, in dem die Bevölkerung zu über 95 Prozent katholisch ist, selbst heutzutage noch. 1985 begannen die Marienstatuen in ganz Irland plötzlich sich zu bewegen. Das Schauspiel wurde nicht nur von gläubigen Katholiken wahrgenommen, sondern auch von Atheisten, Kommunisten und Hell's Angels. In der Frage der Statuen war die Insel quer durch alle Altersschichten, Klassen und Ideologien gespalten. In einem Fall setzte die Religiosität gar kriminelle Energien frei: Der irische Flugzeugentführer, der Anfang der achtziger Jahre in Spanien die Passagiere in seine Gewalt brachte, stellte nur eine Forderung: Der Papst solle die dritte Prophezeiung Fatimas enthüllen.

Nicht nur der Glaube kann Berge versetzen, sondern auch das Goldgräberfieber. Bodenproben am Croagh Patrick haben ergeben, daß der Berg Edelmetall im Wert von Milliarden enthält. Flugs erwarb die staatliche finnische Bergbaugesellschaft Outokumpu die Schürfrechte, die sie auch bereits für den Pelkosenniemi, den heiligen Berg der Lappen, besitzt. Doch der Abbau mit Zyanid als Trennmittel hätte Berg und Gewässer ruiniert. In letzter Minute gelang es Umweltgruppen mit kräftiger Unterstützung der katholischen Kirche, das Projekt in Irland zu verhindern. Doch kaum ist die eine Gefahr gebannt, da droht dem Berg neue Unbill. Eine Schweizer Gesellschaft will laut Zeitungsberichten eine Seilbahn zum Croagh Patrick bauen. Die Pläne sind sofort auf Widerstand gestoßen. Frank Durcan, Bezirksrat in West-Mayo, sagt: »So etwas Verrücktes habe ich in meinem ganzen Leben noch nicht gehört. Das zählt doch nicht als Buße, wenn man in der Gondel auf den Berg fährt.«

Sex, Tod und Religion

Merkwürdig, wunderte sich der englische Boulevardreporter, wie eine »Aids-Hauptstadt« sehe der Ort eigentlich gar nicht aus. Hier soll die »Aids-Rächerin« ihr Unwesen getrieben haben? Dungarvan, eine Kleinstadt mit knapp siebentausend Menschen und einer Arbeitslosigkeit von 17 Prozent, liegt im Süden Irlands am Meer. Bis nach Cork und Waterford, wo viele Einwohner in der pharmazeutischen Industrie, in der Lebensmittelbranche oder in der Kristallglasfabrik beschäftigt sind, ist es nur ein Katzensprung. Das Aufregendste, das in letzter Zeit passiert sei, waren ein paar Schafdiebstähle in der Nacht, erzählt Joe, ein 17jähriger Schreinerlehrling mit kurzgeschorenen Haaren und Bomberjacke. Aber nun ist die Stadt in den Schlagzeilen der internationalen Presse.

Es ist eine Geschichte über Sex, Tod und Religion. »Wir sind doch keine Hinterwäldler«, meint Joe, »Dungarvan liegt doch nicht hinter den sieben Bergen. Wir haben schon mal von Safer Sex gehört, und in den Kneipen und Nachtclubs hängen Kondomautomaten.« Doch Hilfspfarrer Michael Kennedy sprach bei der Messe in der St. Mary-Kirche von einer jungen Frau, die absichtlich eine Aids-Epidemie über den Ort gebracht habe. Zwischen ihrer Ankunft aus London im November und ihrer Abreise im Mai habe sie »mit sechzig bis achtzig jungen Männern« aus Dungarvan und Umgebung geschlafen – stets ohne Kondom. Die

25jährige wollte sich »an der Gesellschaft und vor allem an den Männern« rächen, weil ihr eigener Freund sie mit Aids infiziert habe. Bei fünf jungen Männern habe der Aids-Test inzwischen ein positives Ergebnis erbracht, neun weitere warteten noch auf den Befund, die übrigen habe er noch nicht ermitteln können.

»Die Predigt schlug ein wie eine Bombe«, sagt Joe. Er selbst geht selten zur Messe, aber in der ganzen Stadt gab es danach kein anderes Thema. Unter den Kirchgängern war auch ein Lokaljournalist vom *Cork Examiner*, der die Geschichte auf der Titelseite brachte. »Am nächsten Tag fielen die irischen und britischen Medien über Dungarvan her«, sagt Joe. »Es hieß, sie würden zehntausend Pfund für den Namen der Frau bezahlen. Und wenn sie schon die Frau nicht kriegen konnten, dann wenigstens ihre Opfer.« Aber Pfarrer Kennedy hält dicht, das habe er versprochen.

Michael Kennedy ist groß und braungebrannt. Seine muskulösen Unterarme verraten den ehemaligen Sportler: Der Vierzigjährige war bis zu seiner Priesterweihe ein erfolgreicher *hurling*-Spieler und gewann mit seinem Team 1980 die gesamtirischen Meisterschaften in dieser traditionellen irischen Sportart, die als schnellstes Mannschaftsspiel der Welt gilt. Michael Kennedy sieht seinem Cousin dritten Grades, dem ermordeten US-Präsidenten John F. Kennedy, ein bißchen ähnlich. Zu einem Teil des Kennedy-Clans unterhält er enge Beziehungen. Er saß an Rose Kennedys Sterbebett und er sprach die Hochzeitsmesse für Robert Kennedys Tochter Courtney und Paul Hill, einen der Guildford Four, der 16 Jahre unschuldig in englischen Gefängnissen saß.

Dabei sah es zunächst gar nicht danach aus, als ob er Pfarrer werden wollte: Er brach sein Studium am Priesterseminar in Maynooth 1973 ab und kehrte in seinen Heimatort Birr in den Midlands zurück. Dort wählte man ihn im folgenden Jahr als Kandidaten der Sinn Fein, des politischen Flügels der IRA, in den Stadtrat. Wenige Jahre später ging er jedoch zurück nach Maynooth und erhielt 1981 seine Ordination. Seitdem hat er überall, wo er von den Kirchenoberen als Gemeindepfarrer hingeschickt wurde, für Furore gesorgt. Zuerst wetterte er gegen die »Seuche der Glücksspielautomaten«, dann behauptete er während der Sonntagsmesse, im Ort würden pornografische Filme gedreht, und kurz nachdem er im Juli vergangenen Jahres nach Dungarvan versetzt worden war, begann er einen Feldzug gegen eine Techno-Disco, weil sie angeblich ein Umschlagplatz für Drogen war. »Letztes Jahr Techno, dieses Jahr Aids und im nächsten Jahr Hämorrhoiden«, meinte ein Kollege Kennedys geringschätzig über dessen Aktivitäten.

Doch der Pfarrer macht eigentlich gar keinen fanatischen Eindruck. Es scheint fast, als ob er seiner Gemeinde nur einen gehörigen Schrecken einjagen wollte in diesen Zeiten, in denen Irland über die Zulassung von Ehescheidungen abstimmen muß und offen über Abtreibung debattiert. Der Medienrummel, den er dadurch auslöste, ist ihm längst über den Kopf gewachsen. Am Ende mußte er zugeben, daß er die Aussagen der fünf jungen Männer, die sich angeblich infiziert haben, weder nachgeprüft noch sich danach erkundigt hat, ob sie andere sexuelle Kontakte hatten oder drogensüchtig sind. »Ich habe keinerlei Beweise für meine Geschichte«, sagt Kennedy, »ich glaube aber sehr stark daran.« Er habe die junge Frau achtmal aufgesucht, und achtmal habe sie ihm die Tür vor der Nase zugeknallt. Beim neunten Mal habe sie ihm alles gebeichtet. Inzwischen liege sie in einer Londoner Klinik im Sterben. »Sie kann nicht mehr sprechen«, sagte der Pfarrer am Wochenende, »aber ich halte sie über die Ereignisse in Dungarvan auf dem laufenden.«

Kennedys geheimnisvolle Andeutungen öffneten Spekulationen Tür und Tor. Die Leute nannten hinter vorgehaltener Hand bereitwillig Namen. »Es begann eine regelrechte Hexenjagd«, sagt Joe. »Jede Frau im Minirock war verdächtig, da wurden viele alte Rechnungen beglichen.« Als der Pfarrer verrät, daß die Frau in der Wohnsiedlung Fatima House am Stadtrand gewohnt habe, rasen die Reporter los, um mehr über den »Todesengel«, wie die Frau in der Boulevardpresse längst heißt, herauszubekommen. Eine Bewohnerin des Fatima House sagt, sie sei als Aids-Fall abgestempelt worden, als sie vor ein paar Jahren aus London zurückkehrte. »Gerüchte machen hier schnell die Runde«, sagt sie.

Die Feministin Susan McKay schrieb: »Der Mythos der sexgierigen Frau, die mit ihrer mit Zähnen bewaffneten Vagina Männer vernichtet, ist älter als die christliche Kirche. Aber Pfarrer Kennedys Vorgänger bauten ihre Theologie um diese Furcht vor Frauen herum.« Frauen, so sagt McKay, werden in Kennedys Geschichte in drei Gruppen eingeteilt: die sexuell unersättliche Killerin, die rechtmäßigen Freundinnen und Ehefrauen sowie die Mütter mit gebrochenen Herzen. »Die letzten beiden Gruppen haben volles Verständnis für ihre Jungs«, sagt sie, »die strengen Worte heben sie sich für die Frau auf, die die furchtbare Krankheit natürlich aus dem verderblichen England eingeschleppt hat.«

Joe zeigt auf das Schaufenster des Videoverleihs am Marktplatz und meint, das Filmplakat bringe die ganze Angelegenheit ganz gut auf den Nenner: »The Hot Zone«, steht da in dicken, rotgelben Buchstaben, und etwas kleiner darunter: »Try not to panic.« Ein etwa 25jähriger Mann, der an dem Laden vorbeigeht, grinst und flüstert aus dem Mundwinkel: »Wir haben hier alle Aids.« Über den Hörer in der öffentlichen Telefonzelle neben dem Videoladen haben Witzbolde ein Kondom gezogen.

Auf der anderen Seite des Markplatzes hat die Aids Alliance aus Cork einen Informationsstand aufgebaut. Die Menschen machen einen weiten Bogen um den Stand. »Es ist sehr schwierig für die Leute, mit uns zu reden«, sagt Teresa McElhinney von der Aids Alliance, »bei der riesigen Aufmerksamkeit, die der Fall erfährt.« Viele Eltern haben sich jedoch an die Organisation gewandt. »Sie haben alle dieselbe Frage gestellt«, sagt McElhinney: »Kann so etwas überhaupt passieren?«

Irische Wissenschaftler und Behörden halten es

für unwahrscheinlich. James Walsh, der ehemalige Aids-Koordinator, sagte, statistisch sei es zwar nicht unmöglich, aber »höchst unwahrscheinlich, daß sich ein Mann bei einmaligem vaginalen Geschlechtsverkehr« anstecke. Im Durchschnitt geschehe das erst nach etwa fünfhundert Malen. Das Gesundheitsamt erklärte, nachdem es in den anderen Ämtern in Irland und England nachgefragt hatte, daß es keine Belege für Kennedys Behauptungen gebe. Und die Aids-Beauftragte Robin Gorna sagt: »Das sagt wohl vor allem einiges über die Ängste und Phantasien des Pfarrers aus. Die Ironie an der Geschichte ist, daß gerade die katholische Kirche an der Verbreitung des HIV-Virus in Irland mit schuld ist, weil sie sich stets gegen Sexualkundeunterricht und Aids-Aufklärung gesperrt hat.« Es gab bisher 463 Aids-Fälle in Irland, von denen 231 gestorben sind. Bei 1553 Menschen war der HIV-Test positiv.

Kennedys Vorgesetzter, Bischof William Lee aus Waterford, ist verärgert über den Alleingang des Hilfspfarrers, der nicht mal den Hauptpfarrer in Dungarvan über sein Vorhaben informiert hatte. Von seinen Kollegen erhält Kennedy ebenfalls keine Unterstützung. »Es war ein melodramatischer Auftritt«, sagte ein Pfarrer aus Wicklow, »er hätte statt dessen zur Polizei oder zum Gesundheitsamt gehen sollen.« Ein Pfarrer aus Dublin sprach Kennedy jede Kompetenz auf diesem Gebiet ab: »Was er damit erreichen wollte, ist mir nicht klar.«

Inzwischen will Pfarrer Kennedy gar nicht mehr reden, sondern überlegt, ob er das Gesundheitsamt und ein paar Zeitungen wegen Verleumdung verklagen soll. Die Stadt Dungarvan steht jedenfalls hinter ihm, die anfängliche Neugierde über die vielen Fernsehkameras ist in Ärger umgeschlagen. Nach der Abendmesse strömen die Kirchgänger an den Reportern vorbei und schnauzen sie an: »Laßt unseren Pfarrer zufrieden.« Und das Lokalblatt macht am Wochenende mit der Schlagzeile auf: »Er hat das Richtige getan.«

»Dungarvans Ruf ist gründlich ruiniert«, sagt Joe. »Jede Mutter in Irland hat doch jetzt den Alptraum, daß ihre Tochter eines Tages nach Hause kommt und erzählt, sie habe einen netten Jungen aus Dungarvan kennengelernt.«

Irlande, douze points

Gary Lineker, ein berühmter englischer Mittelstürmer, hat den US-Amerikanern einmal Fußball erklärt: 22 Spieler, ein Schiedsrichter, ein Ball, zwei Tore – und am Ende gewinnen immer die Deutschen.

Beim europäischen Wettsingen, dem Eurovisions-Songcontest, sind es die Iren, die am Ende vorne liegen. Meistens jedenfalls. Sie halten längst alle Rekorde: sieben Siege, drei davon in Serie. Der einzige Teilnehmer, der zweimal gewann, stammt ebenfalls von der Grünen Insel: Johnny Logan.

Anfangs hat man sich noch gefreut. Als Dana 1970 mit »All Kinds of Everything« den ersten Eurogesangspokal nach Irland holte, setzte ein nationaler Freudentaumel ein. Die Iren hatten bei internationalen Wettbewerben ja sonst nicht viel zu lachen. Die Fußballer stolperten damals von einer Niederlage in die andere, die Schwimmer in der Prä-Michelle-Smith-Ära waren froh, wenn sie nicht ertranken, und die Handballer verloren das Kellerduell gegen Island bei einer Weltmeisterschaft mit mehr als fünfzig Toren Unterschied.

Dana, katholisch und erzkonservativ, ist heute noch so populär, daß eine Reihe von Politikern sie als Präsidentschaftskandidatin bei den Wahlen im Oktober 1997 vorschlugen. Als sie die Bezirksverwaltungen abklapperte, die für die Nominierung der Kandidaten zuständig sind, fragte man sie allerdings nicht nach ihrer politischen Einstellung, sondern sie mußte ein Ständchen bringen: Die Lokalpolitiker wollten noch einmal »All Kinds of Everything« hören.

In den neunziger Jahren kühlte die Begeisterung über die Siegesserie merklich ab. Nach jedem Sieg, und Irland gewann zwischen 1992 und 1996 viermal, mußte das irische Fernsehen RTE das Spektakel im folgenden Jahr ausrichten. Das kostete umgerechnet jeweils sieben Millionen Mark, und weil RTE ein kleiner Sender ist, war vom Etat nicht mehr viel übrig. Für den Rest des Jahres gab es deshalb billige Wiederholungen von »Bonanza« und »Rauchende Colts«.

Das Argument, die kleinen Werbefilmchen zwischen den Gesangsbeiträgen würden eine Menge Touristen nach Irland locken, büßte schon bald seine Schlagkraft ein. *Bord Failte*, das Fremdenverkehrsamt, mußte einen Teil der Veranstaltungskosten übernehmen, sparte dafür aber Geld bei den Dreharbeiten. In jedem zweiten Kurzfilm wurde derselbe Riesenlachs von verschiedenen Anglern mit glücklichem Gesicht der Kamera entgegengestreckt. Das nasse Tier könnte schon in die Schauspielergewerkschaft eingetreten sein. Jedenfalls war er allem Anschein nach der einzige Profi unter lauter Pfeifen.

Gründe für Irlands Dauererfolg gibt es viele. Erstens übt die Nation ständig in Pubs, auf Festivals und in der Badewanne. Zweitens geben andere Länder der kleinen, harmlosen Insel am Rande Europas gerne Sympathiepunkte, Großbritannien rückt meist sogar »douze points« heraus

– was die Iren übrigens genausooft erwidern. Man will demonstrieren, daß die blutige Geschichte begraben ist und nun eitel Freundschaft zwischen beiden Ländern herrscht. Vielleicht will man auch nur einen diplomatischen Zwischenfall vermeiden, denn »nul points« vom ehemaligen Erzfeind könnte der Kolonialmacht leicht als Provokation ausgelegt werden. Umgekehrt würden die Briten, gingen sie bei der Punkteverteilung leer aus, vermutlich IRA-Sympathien bei der irischen Jury wittern.

Der wichtigste Grund aber ist die berüchtigte irische Gastfreundschaft. Der Eurovisionstroß kommt gerne auf die Grüne Insel, weil man dort zu feiern weiß. Die Partys nach dem offiziellen Teil bleiben unvergessen, manchmal beginnen sie schon während des Kampfsingens. Zum Beispiel 1995: Die Kellner und Kellnerinnen im Pressezelt hatten eigentlich die Aufgabe, die Bierflaschen aus den Kühlschränken zu reichen und sie zu öffnen. Anfangs ging alles gut. Doch bereits nach wenigen Songs war bei ihnen offenbar die Schmerzgrenze erreicht, so daß sie im Alkohol Zuflucht suchten. Während sie zunächst jedes Lied dreistimmig begleiteten, veranstalteten sie nach dem zwölften Beitrag ihren eigenen Wettbewerb und grölten Trinklieder. Als alternativer Pausenfüller lagen sie dann heftig knutschend zwischen den Kühlschränken, gaben das Öffnermonopol aber bis zum Schluß nicht aus der Hand. Als eine Journalistin einen Kellner bat, ihre Guinnessflasche zu öffnen, sah er sie aus glasigen Augen an, rülpste einen sauberen Dreiklang und öffnete die Flasche mit den Zähnen. In welchem Land wird einem so etwas bei einem Schlagerwettbewerb denn noch geboten? Kein Wunder, daß man Irland immer wieder den Sieg zuschanzt.

Die Iren schöpften erstmals 1994 den Verdacht, daß sie immer wieder hereingelegt worden seien, als zwei ältere Iren auf Holzstühlen mit ihrer langweiligen Ballade von den »Rock'n'Roll Kids« gewannen. Im folgenden Jahr ging RTE auf Nummer Sicher. Der Sender schickte offiziell ein chancenloses Plagiat – Eddie Friels Lied »Dreamin'« hatte verblüffende Ähnlichkeit mit dem Siebziger-Jahre-Hit »Moonlight« von Julie Felix – ins Rennen, während der echte Beitrag unter norwegischer Flagge antrat: »Nocturne«, ein keltisches Stück, wurde von der irischen Violinistin Fionnuala Sherry vom RTE-Konzertorchester gespielt. Zur Tarnung ließ man die Norwegerin Gunnhild Tvinnereim 24 Worte des Textes auf norwegisch singen und verwirrte dadurch die Punktrichter. Prompt gewann Norwegen den Grand Prix. Eddie Friel und seine beiden Komponisten kamen übrigens ungestraft davon: Sie konnten nachweisen, daß sie in den siebziger Jahren kein Radio gehört hatten und »Moonlight« deshalb gar nicht kennen konnten. Das RTE-Gericht buchte die Sache unter Zufall ab. Eine weise Entscheidung, denn um Originalität geht es in der Branche ja nun wahrlich nicht. Gibt es etwa ein Copyright auf »Ding Ding Dong«, »A-Ba-Ni-Bi« oder »Diggy-Loo-Diggy-Ley«, um nur drei unsägliche Beiträge aus vergangenen Jahren zu nennen?

Die internationalen Jurys hatten aus dem Mißgeschick mit der getarnten Irin gelernt, 1995 paßten sie besser auf. Obwohl die irische Teilnehmerin Eimear Quinn eine Oktave zu hoch sang und dabei ständig nach Luft schnappte, so daß einem angst und bange wurde, gewann sie unangefochten. Komponist Brendan Graham bekam eine Trophäe, die wie ein Torfbrikett in einem Käfig aussah. Das Katz-und-Maus-Spiel wird wohl auch in Zukunft weitergehen, und zumindest die wettfreudigen Iren und die Buchmacher haben ihren Spaß daran.

Zu wenig Bäume, um einen aufzuhängen

Endlich wieder im Westen. Nichts gegen Dublin, wo ich seit 14 Jahren lebe, aber an der irischen Westküste ist die Luft besser, die Menschen sind gelassener, und die Pubs halten sich nicht so genau an die Sperrstunde. Zum Beispiel in Doolin im Nordwesten der Grafschaft Clare: Das Fischerdorf hat sich in den vergangenen zwanzig Jahren den Ruf erworben, das Zentrum der irischen Folkmusik zu sein. In den drei Kneipen im Ort wird von Frühjahr bis Herbst jeden Abend gefiedelt, daß es in den Beinen juckt, aber weil sich das längst über Irlands Grenzen hinaus herumgesprochen hat, muß man um jeden Zentimeter Boden kämpfen. Wenn man Glück hat, bringt jemand seinen Dudelsack zur Session mit – ein Instrument, dem man wundersame Töne entlocken kann.

Von Doolins kleinem Hafen am Ende der Dorfstraße legt die Fähre zu den Aran-Inseln ab. Schiffe sind mir eigentlich ein Greuel, aber der sechsminütige Flug zur Hauptinsel geht nur von der Grafschaft Galway nördlich der Bucht los. Ich merke schon im Hafen, daß es trotz Sonnenscheins eine unruhige Überfahrt werden wird. Es hilft nichts: tief atmen und immer den Horizont im Auge behalten. Beim Zwischenstop in Insiheer, der kleinsten der drei Aran-Inseln, will ich am liebsten aussteigen, aber ich bin auf Inishmore verabredet. Inishmore bedeutet »große Insel«. Sie ist 15 Kilometer lang und hat 750 Einwohner. Nach anderthalb Stunden legt das Schiff endlich im Hauptort Kilronan an.

Paddy Mullen wartet schon am Landungssteg. Er schiebt mich in seinen klapprigen Wagen, der genauso schaukelt wie das Schiff. Mullen stößt mit dem Kopf fast oben an. Er ist einsachtzig groß, seine weißen Haare sind am Hinterkopf schon etwas dünn. In seinem pastellfarbenen Hemd, den schwarzen Jeans und den neuen braunen Schuhen sieht er nicht aus wie ein Fischer. »Wir haben ein vielschichtiges Wirtschaftssystem auf Inishmore«, erklärt er, »im Winter lebe ich von den Fischen, im Sommer von den Touristen. So funktioniert das hier.«

Wichtigster Exportartikel der Inseln sind die »Aran Jumper«, die dicken Pullover aus geölter Schafwolle. Früher hatte jede Familie ihr eigenes Strickmuster, damit man die Ertrunkenen identifizieren konnte, wenn sie nach Wochen oder Monaten angespült wurden. »Die Fischer lernen nicht schwimmen«, sagt Mullen, »weil dem Meer die Opfer, die es fordert, nicht vorenthalten werden dürfen.«

Inishmore ist von einem Netz von Steinmauern überzogen, die das Land in winzige Felder teilen. Es ist eine Kunst, die Kalksteine so aufzuschichten, daß sie auch ohne Mörtel den Atlantikwinden trotzen. »Man fängt in der Mitte des Feldes an und trägt die Steine nach außen«, erklärt Mullen. »Du nimmst dir immer nur eine überschaubare Fläche vor, weil die Arbeit schwer ist. Jeder Quadratmeter Ackerland muß der Insel abgerungen werden. Wenn man ein Stück Land freigeräumt hat, muß man Seetang vom Strand holen, um den Boden fruchtbar zu machen. Die Mauern schützen das Feld vor dem Wind. Allerdings muß man beim Aufschichten der Steine genügend Löcher lassen, damit der Wind keine Angriffsfläche hat und ungehindert durch die Mauer pfeifen kann.« Wenn man die Mauern aneinanderreihen würde, wären sie fast 1500 Kilometer lang. Bei einem Schnitt von 33 Steinen pro Meter sind das fast fünfzig Millionen Steine, die im Laufe der Jahrhunderte aufgeschichtet worden sind – eigentlich unvorstellbar.

Mullan hält in Kilmurvey im Westen der Insel, wo ein Cottage steht, das größer ist als alle anderen: ein Café, in dem man die besten *scones,* kleine Butterkuchen, weit und breit bekommt. Darüber hinaus befinden wir uns an einem historischen Ort. »Robert Flaherty hat die alte Fischerhütte in ein Studio mit Dunkelkammer und großer Küche umgebaut«, sagt Mullen. Der amerikanische Filmregisseur Flaherty, Sohn deutsch-irischer Auswanderer, kam 1931 nach Inishmore und drehte zwei Jahre lang an seinem Film »Man of Aran«. Es sollte ein Stummfilm werden, aber aufgrund des rasanten Fortschritts wurde er dann in London nachvertont. Mullens Großvater, der Schriftsteller Pat Mullen, war Flahertys Assistent und stellte den Kontakt mit den Inselbewohnern her.

Ich habe den *scone* kaum hinuntergeschluckt, da scheucht mich der Enkel schon einen kleinen Feldweg hinauf nach Dun Eochla, den höchsten Punkt der Insel. Oben steht ein Leuchtturm. Er wurde 1818 gebaut, aber vierzig Jahre später wieder stillgelegt, weil er den Schiffen den Weg ins Verderben wies: »Die Seefahrer dachten, der Leuchtturm zeige den Weg in die Bucht von Galway«, sagt Paddy Mullen. »Wenn sie bemerkten, daß er mitten auf der Insel stand, war es meist zu spät. Eine ganze Menge Schiffe sind an der Küste zerschellt.«

In den beiden Weltkriegen diente er als Ausguck, heute ist er ein Aussichtsturm. Da das irische Wetter besser ist als sein Ruf und es den ganzen Tag noch nicht geregnet hat, können wir die Insel mit ihren alten Steinforts und Steilklippen überblicken. Mullan deutet hinüber in Richtung Festland hinter den beiden anderen Aran-Inseln: »Kannst du dir vorstellen, daß die Inseln in der Frühgeschichte mit dem Burren verbunden waren?« Doch, das kann ich mir vorstellen, denn auch der Burren scheint hauptsächlich aus Steinen zu bestehen. Der Name sagt alles: Er stammt vom irischen *bhoireann* ab, und das bedeutet »felsiger Platz«. Als der englische Heerführer Oliver Cromwell im 17. Jahrhundert einen blutigen Feldzug in Irland führte, notierten seine Offiziere: »Zu wenig Bäume, um einen aufzuhängen, zu wenig Wasser, um einen zu ersäufen, zu wenig Erde, um einen zu verscharren.« In Wirklichkeit gedeihen zwischen den Steinen aber Pflanzen aus dem Mittelmeerraum, aus den Alpen und der Arktis einträchtig nebeneinander. Die Gegend ist so einmalig in Europa, daß die Regierung ein Besucherzentrum mitten hinein bauen wollte, wo sich die Touristen alles haargenau erklären lassen sollten.

Eine Bürgerinitiative und ein Gerichtsurteil machten den geplanten Frevel zunichte, und die Regierung mußte den bereits begonnenen Bau wieder abreißen lassen. Schade, daß man dasselbe nicht auch in Dublin durchsetzen konnte, wo die Stadtverwaltung ihren Bürobetonklotz auf ein historisches Wikingerdorf gesetzt hat. An der Westküste ist eben alles besser.

Ewige Ruhe in Monaghan

»Herzkranke und Leute mit Herzschrittmachern sollten besser oben bleiben«, warnt Samantha Leslie die kleine Gruppe, die sich im Castle Leslie auf die Suche nach Geistern gemacht hat. Die schwarzhaarige junge Frau, eine Nichte des Schloßherrn Sir John Leslie, ist in ein dunkles Cape gehüllt, das von einer Kette und zwei Messingknöpfen über der Brust zusammengehalten wird. In der rechten Hand schwenkt sie einen Kandelaber, der die Kellertreppe ausleuchtet.

»Im vergangenen Jahrhundert hatten meine Vorfahren ein Waisenmädchen aufgenommen«, erzählt Samantha. »Eines Tages wollte sie den Bediensteten eine Kanne Tee und Kekse in den Keller bringen, doch sie stolperte, stürzte und brach sich das Genick. Zuweilen hört man das Gepolter des Tabletts noch heute, niemals aber den Schrei des Mädchens. Das bedeutet vielleicht, daß sie ihre ewige Ruhe gefunden hat.«

Wir setzen vorsichtig einen Fuß vor den anderen, um nicht dasselbe Schicksal wie das Waisenmädchen zu erleiden. Am Ende der Treppe hängt ein Kasten mit 28 Glocken an der Wand. »Die Glocken werden von den Schlafzimmern aus betätigt, sie unterscheiden sich jeweils durch einen halben Ton«, erklärt Samantha, »die Bediensteten, die hier unten arbeiteten, mußten zuerst die Töne lernen, damit sie wußten, wer nach ihnen läutete.« Plötzlich klingelt Glocke Nummer sechs. »Das kommt aus Normans Zimmer«, flüstert Samantha und erblaßt. »Von ihm wird später noch die Rede sein«, fügt sie hinzu.

Schloß Leslie liegt in der irischen Grafschaft Monaghan kurz vor der Grenze zu Nordirland. Es hat in seiner langen Geschichte eine Reihe von illustren Gästen beherbergt: den scharfen Satiriker und Dubliner Dekan Jonathan Swift, Irlands ersten Literaturnobelpreisträger William Butler Yeats, Margarete Luise, die Nichte des deutschen Kaisers, Prinz Pierre von Monaco sowie in den sechziger Jahren Mick Jagger und Marianne Faithful, die den Rolling Stone in Glaslough mit Lord Rosmore betrog. »Von da ab hieß sie im Ort nur noch Marianne Unfaithful«, sagt Samantha Leslie.

Castle Leslie ist eigentlich gar kein Schloß. »Es ist ein großes Haus«, sagt Sir John Leslie, »aber für die Iren sind große Häuser eben Schlösser.« Der Familiensitz in Glaslough – irisch für »der grüne See« – hat 71 Zimmer. Weil der Unterhalt für die keineswegs reiche Adelsfamilie zu teuer ist, hat man das Schloß für Besichtigungen geöffnet, bei denen man sich nach einem – von Samantha Leslie zubereiteten – sechsgängigen Abendessen auf Geisterjagd begeben kann.

Sir John sieht selbst aus wie ein Gespenst, wenn er – in dichten Weihrauchnebel gehüllt – die Gruppe im Vorraum empfängt. Der 78jährige mit seinem weißem Haarkranz ist groß und spindeldürr. Er steht im schwarzen Anzug kerzengerade neben der schweren Eingangstür und begrüßt die Gäste einzeln mit Handschlag. Im

Salon, der mit Gemälden, alten Fotografien und Antiquitäten vollgestopft ist, erzählt er die Familiengeschichte.

Sein Vorfahr, der gleichnamige protestantische Bischof John Leslie, kam 1665 aus Schottland nach Glaslough. Kurz vor seiner Pensionierung baute er ein Haus an der Stelle, auf der heute das 1878 erbaute Schloß steht. Die Kamine im Salon und im Eßzimmer sind die einzigen Stücke aus dem Originalhaus. Die Kaminkacheln aus dem 15. Jahrhundert stammen aus Florenz. Im Alter von 69 Jahren heiratete der Bischof und zeugte fünf Kinder. Der Bischof war eingefleischter Monarchist und unterstützte die royalistische Sache gegen Oliver Cromwell.

Ein späterer Leslie wurde Patenonkel von Arthur Wellesley, dem Herzog von Wellington, und finanzierte dessen Ausbildung. Sir John öffnet einen mit blauem Samt ausgeschlagenen schwarzen Kasten und zieht ein vergammeltes Zaumzeug heraus. »Das gehörte Wellington«, sagt er, »es ist allerdings nicht das Zaumzeug, das er in Waterloo benutzt hat.« An der Wand des Salons hängt ein gerahmtes Dokument, das von Wellington unterschrieben ist. Auf der Anrichte daneben liegt ein winziges weißes Kleid. »Das trug Winston Churchill als Baby«, sagt Sir John. »Seine Mutter und meine Großmutter waren Schwestern. Winston ging hier in der Nähe zur Schule.« Während des Zweiten Weltkriegs überhäufte Sir Johns Oma ihren Neffen, der inzwischen britischer Premierminister geworden war, mit guten Ratschlägen. »Da es kein Benzin gab, spannte sie die Pferde an und fuhr über die Grenze nach Nordirland«, erzählt Sir John. Dort warf sie ihre Dossiers für Churchill in einen »sicheren Briefkasten« – Südirland war schließlich neutral und hätte die Briefe womöglich abgefangen, befürchtete sie.

Am Ersten Weltkrieg, dem »Great War«, waren die Leslies direkter beteiligt. Sir Johns Onkel Norman Leslie war der letzte britische Offizier, der ein Duell ausgefochten hat. Er überlebte es, doch im Oktober 1914 starb er im Alter von 27 Jahren auf dem Schlachtfeld bei Armentières. Sir John zeigt auf ein Schwert an der Wand. »Das hatte Norman damals bei sich«, sagt er. »Das Schwert war jahrelang verschollen, bis französische Bauern es fanden und unserer Familie zurückgaben.«

Norman taucht heute noch von Zeit zu Zeit im Schloß auf. Zwar ist Sir John noch nie einem Geist begegnet und winkt bei dem Thema ab, doch seine Nichte Samantha berichtet von 18 Gespenstern im Castle Leslie – das ist irischer Rekord. Norman wurde im Oktober 1914 eines Morgens von zahlreichen Bediensteten im Schloßgarten gesichtet. Am Abend erfuhr die Familie, daß er bereits am Vortag auf dem Schlachtfeld getötet worden war. Sein Bruder Shane, der als Student in Cambridge zum Katholizismus übergetreten war und später ein bekannter Schriftsteller wurde, brach am nächsten Tag nach Frankreich auf, um den Leichnam zu bergen.

»Kurz vor seiner Abreise«, berichtet Samantha Leslie, »sah er eine Kutsche vor dem Haus. Der Kutscher, ein schwarz gekleideter Totengräber, winkte ihm zu und rief: ›Für einen ist noch Platz‹. Shane lief es kalt den Rücken hinunter.« Aber es kam noch schlimmer: In Paris angekommen, buchte Shane ein Zimmer im sechsten Sock eines Hotels in der Innenstadt. Der Fahrstuhl, mit dem er zum Speisesaal im Erdgeschoß fahren wollte, war recht voll, doch der Liftboy rief: »Für einen ist noch Platz.« Er hatte dasselbe Gesicht wie der Kutscher in Glaslough, so daß Shane entsetzt zurückwich. »Das war sein Glück«, sagt Samantha Leslie, »der Lift stürzte ab. Es gab keine Überlebenden.«

Shane reiste am nächsten Tag weiter, und ab hier ist die Geschichte wieder in der Familienchronik verbürgt: Er durchstöberte zwei Monate lang die Leichenhallen entlang der Schlachtfelder und identifizierte seinen Bruder schließlich aufgrund des Gebisses.

Normans ehemaliges Zimmer ist bis auf das Bett – laut Gravur stammt es aus dem Jahr 1617 – unverändert. Das wuchtige Doppelbett mit Holzbaldachin habe die Familie in den sechziger Jahren in England erstanden, erzählt Samantha. »Das war ein Fehler«, beginnt sie ihre Geschichte. »Das Bett gehörte früher den Oxenbridges, deren Ahne Mitte des 12. Jahrhunderts berüchtigt war, weil er Kinder fraß. Er glaubte, es verhelfe ihm zur Unsterblichkeit. Seinem Diener gelang es, ihm ein Betäubungsmittel in den Wein zu schütten. Als er bewußtlos war, sägten sie ihn in zwei Teile und warfen ihn in den Fluß.« Vier Jahrhunderte später wurde ein anderer Oxenbridge zum Kindesmörder. »Sein Sohn war behindert«, sagt Samantha,

»das wurde damals als Fluch ausgelegt, der über der Familie lastete. Eines Tages erstickte der Vater seinen Sohn in diesem Bett mit einem Kissen.« Das hatte Auswirkungen, die sich noch immer bemerkbar machen, sagt Samantha: »Nach einer Familienfeier vor zwei Monaten schlief der vierjährige Sohn meiner Cousine in diesem Bett. Mitten in der Nacht wachte er auf und weinte hysterisch. Er sagte, jemand habe versucht, ihn mit dem Kopf unter das Federbett zu ziehen.«

Als sich einer der Gäste auf das Unheilsbett setzen will, läßt Samantha einen gellenden Schrei los und bläst die Kerzen aus. Der kleinen Gruppe stehen kollektiv die Haare zu Berge. »Keine Angst«, lacht Samantha, »das war nur ein Spaß.«

Der große Hunger

Die große irische Hungersnot war für ihn bisher nur eine Statistik, sagt der Schauspieler Gabriel Byrne. Erst jetzt habe er intensiver darüber nachgedacht, und plötzlich wurde ihm bewußt, daß es mehr ist als nur eine historische Tragödie. »Dieses Ereignis hat die Geschichte Irlands und der USA nachhaltig beeinflußt«, sagt Byrne. »Ich erinnerte mich auch an die Erzählungen meiner Mutter, in denen Menschen mit grünen Flecken an den Mundwinkeln vorkamen. Sie hatten vor lauter Hunger Gras gegessen.«

In seinem schwarzen Anzug, der dunklen Sonnenbrille und dem hellblauen Hemd sieht er aus, als ob er auf eine Beerdigung gehen wolle. Auf gewisse Weise trifft das auch zu: Byrne ist einer der Ehrengäste bei dem Gedenkmarsch, der von Louisburgh zum Doolough-See in der westirischen Grafschaft Mayo führt. Er drehe einen Dokumentarfilm über den Marsch und seine historischen Wurzeln, erzählt der Schauspieler.

Ein anderer Ehrengast ist John Pilger, der australische Journalist, dessen Ururgroßvater 1821 wegen einer Rebellion gegen die englische Herrschaft in Irland zu 14 Jahren Zwangsarbeit verurteilt und nach Australien deportiert wurde. »Der Gedenkmarsch«, sagt Pilger, »schafft eine Verbindung zwischen den Ursachen für die irische Hungersnot vor 150 Jahren und ähnlichen Geschehnissen heute. Die Menschen sind damals nicht deshalb verhungert, weil es nicht genügend Lebensmittel gab, sondern weil die englischen Imperialisten das Land geplündert haben.« Das Wort »Imperialismus« sei unmodern geworden, sagt Pilger, aber der Imperialismus von heute führe einen stillen Krieg, einen erbarmungslosen wirtschaftlichen Holocaust. »Die Politik der Weltbank im Namen der freien Marktwirtschaft hat Vietnam jetzt eine Hungersnot beschert«, sagt Pilger. »Die Engländer haben damals ihre Plünderung Irlands damit begründet, daß man nicht den freien Handel beschränken könne. Es ist heute wie vor 150 Jahren das alte Lied.«

1845 versprach ein gutes Kartoffeljahr zu werden. Der größte Teil Irlands war damals im Besitz englischer Gutsherren, die ihre Güter jedoch nicht selbst bewirtschafteten, sondern zur Pacht weitergaben. Zur Verwaltung setzten sie Mittelsmänner ein, die das Land in mehrere Teile aufspalteten. Die dafür zuständigen Subagenten wiederum beaufsichtigten die Ländereien, verjagten die unproduktiven Bauern und holten den höchstmöglichen Pachtzins heraus. Deshalb konnten die Bauern nicht für Notzeiten vorsorgen.

Der Kartoffelanbau, auf den man Ende des 18. Jahrhunderts umgestellt hatte, war für sie so wichtig, weil die Flächenerträge fünfmal so hoch waren wie bei Getreide. Die Folge war, daß die Bevölkerung von dreieinhalb auf acht Millionen anstieg – Irland gehörte zu den dichtbesiedeltsten Ländern Europas. So traf die Kartoffelfäulnis, die 1845 fast die gesamte Ernte befiel, das Land besonders hart.

Mit bürokratischer Verzögerung rangen sich die englischen Behörden schließlich zu halbherzigen Hilfsmaßnahmen durch und teilten Irland in »Wohlfahrtsbereiche« ein, die von Regierungsbeamten verwaltet wurden. Unter ensetzlichen Entbehrungen überstanden die Iren den Winter, ihre ganzen Hoffnungen waren auf die neue Kartoffelernte gerichtet. Doch innerhalb weniger Tage wurden die Kartoffeln erneut durch die Krankheit vernichtet.

Diesmal blieben die Hilfsmaßnahmen aus. Die Londoner Regierung erklärte, sie wolle nicht in den Wettbewerb und das Spiel der Marktkräfte eingreifen. So exportierten die englischen Gutsherren obendrein noch Lebensmittel aus Irland. Die ersten Hungerrevolten brachen aus, einige Lebensmittellager der Regierung wurden geplündert, doch als auch in den folgenden beiden Jahren die Kartoffelernte ausfiel, begann das dunkelste Kapitel in der an Katastrophen gewiß nicht armen irischen Geschichte. Zum Schluß brach auch noch eine Pest- und Typhusepidemie aus.

Der Engländer Nicholas Cummins, der ein kleines Landgut in Südwestirland besaß, schrieb in einem Leserbrief an die *Times:* »Da ich auf eine Szene schrecklichen Hungers vorbereitet war, versorgte ich mich mit so viel Brot, wie fünf Männer tragen können. Als ich ankam, war ich überrascht, daß das heruntergekommene Dorf offensichtlich verlassen war. Ich betrat eine der Hütten, um den Grund dafür herauszufinden. Das Bild, das sich mir bot, war unbeschreiblich. In der Hütte saßen sechs ausgehungerte Skelette, allem

Anschein nach tot, zusammengekauert in einer Ecke auf schmutzigem Stroh, nur bedeckt mit einer Pferdedecke. Als ich näherkam, hörte ich ein Stöhnen und merkte, daß sie lebten. Sie alle, vier Kinder, eine Frau und ein Mann, hatten hohes Fieber. Es ist unmöglich, Einzelheiten zu beschreiben. Am selben Morgen drang die Polizei in ein Haus ein und fand zwei Leichen Erfrorener, die auf dem schlammigen Fußboden lagen, halb aufgefressen von Ratten.«

Am 30. März 1849 erwartete die notleidende Bevölkerung in Louisburgh die Ankunft von zwei englischen Regierungsbeamten, Colonel Hogrove und Captain Primrose. Deren Aufgabe war es, den Hungernden »Armutsbescheinigungen« auszustellen, die zum Bezug von drei Pfund grobem Mehl berechtigten. Aus welchem Grund die Bescheinigungen nicht ausgestellt wurden, ist nicht überliefert. Den sechshundert Menschen, die aus dem Umland nach Louisburgh gekommen waren, teilte man jedenfalls mit, sie sollten sich um sieben Uhr am nächsten Morgen am Delphi-Haus einfinden, der Anglerhütte des Marquis von Sligo am Doolough-See, wo sie von den Sonderbeauftragten der Regierung Hilfe bekommen würden. Ein Drittel der Gruppe mußte in Louisburgh zurückbleiben: Die Menschen waren von Hunger und Kälte schon zu geschwächt, ihr Überlebenswille war gebrochen.

Die übrigen machten sich barfuß und nur notdürftig bekleidet auf den zehn Meilen langen Marsch, gerieten unterwegs jedoch in einen Schneesturm und trafen erst am nächsten Mittag am Delphi-Haus ein. Die Regierungsbeamten waren gerade beim Dinner und wollten nicht gestört werden. Nachdem sie gespeist hatten, schickten sie die verzweifelte Gruppe weg, ohne irgendwelche Hilfe gewährt zu haben. In seinen Aufzeichnungen beschreibt James Berry aus Louisburgh, wie die bis auf die Knochen abgemagerten Menschen auf dem Rückweg am Straßenrand starben. Wie viele es waren, ist nicht bekannt. In lokalen Überlieferungen ist von Hunderten die Rede, Historiker setzen die Zahl niedriger an. Am Silver Strand im nahegelegenen Killadoon gibt es heute noch einen kegelförmigen Grabhügel an der Stelle, wo man damals die Toten aufgeschichtet hatte, weil die Angehörigen zu entkräftet waren, um die Leichen zu begraben.

Die Statistiken vermitteln nur ein unzulängliches Bild von den Ereignissen: Eine Million Menschen war in den fünf Jahren seit der ersten Kartoffelpest verhungert, anderthalb Millionen ausgewandert. Die Emigration hörte auch dann nicht auf, als die Kartoffelfäulnis 1850 gebannt war. Für die Auswanderer ging der Überlebenskampf weiter – und bei weitem nicht alle gewannen ihn. Schon die Schiffsreise von den irischen Häfen nach Liverpool oder New York bezahlten viele mit dem Leben. Die Schiffe beförderten oft doppelt so viele Menschen wie zulässig. John Brosnan, der Hafenmeister von Cork, sagte: »Den Schweinen unter Deck ging es besser, weil es Menschen gab, die am Überleben der Tiere ein Interesse hatten. Um die armen Emigranten kümmerte sich dagegen niemand.« Ein Reedereiangestellter sagte vor einem britischen Parlamentsausschuß aus, daß er Anweisungen hatte, bei Gefahr zuerst das Vieh zu retten, dann erst die Menschen.

Die Schiffe waren alles andere als seetüchtig und waren nur deshalb noch nicht verschrottet worden, weil ihre Eigentümer am lukrativen Geschäft mit den Auswanderern profitieren wollten. Zwischen 1847 und 1853 verschwanden sechzig dieser sogenannten »Sargschiffe« im Atlantischen Ozean. Ein Sechstel der irischen Emigranten starb entweder schon auf der Überfahrt oder in der Quarantäne nach ihrer Ankunft in den USA. Die Überlebenden hatten zunächst nur ein Ziel: Sie mußten genug Geld verdienen, um auch ihren Familien die Überfahrt zu finanzieren. Bis 1920 waren fünf Millionen Frauen und Männer aus Irland in den USA gelandet. Die Einwohnerzahl Irlands hatte sich dagegen halbiert.

»Die Geister der Verhungerten sind unsichtbar«, sagt Gary White Deer vom Volk der Choctaw aus Oklahoma, »aber sie laufen heute mit uns, ich kann ihre Anwesenheit fühlen.« Gary, der Weiße Hirsch, sieht aus wie die Karikatur eines Indianers: Er ist kugelrund, trägt eine fluoreszierende rote Jacke mit lila Schärpe und hat einen breitkrempigen weißen Lederhut auf dem Kopf. Die Choctaw haben einen Ehrenplatz im kollektiven Gedächtnis Irlands: Als damals die Nachricht von der Hungersnot nach Oklahoma drang, schickten die Choctaw, denen es selbst nur wenig besser ging, 170 Dollar – eine beträchtliche Geldsumme für damalige Zeiten – nach Irland. Heute gehöre Irland zur ersten Welt, sagt Gary White Deer, und die Choctaw helfen im Kampf gegen Hunger und Unterdrückung in anderen Teilen der Welt.

Bevor sich die rund tausend Menschen in Bewegung setzen, richtet Joe Murray von der »Action From Ireland« (Afri), die den Gedenkmarsch organisiert hat, eine Forderung an »das britische Establishment«: Der Besuch von Prinz Charles, der erste offizielle Besuch eines Windsor in der Republik Irland, sei eine gute Gelegenheit für die Entschuldigung, auf die Irland noch immer warte. »Eine Entschuldigung für achthundert Jahre Kolonisation, insbesondere für den Holocaust, dessen Opfer wir heute auf unserem Weg gedenken.«

Als der Troß losmarschiert, singt Liam O'Maonlai, Leadsänger der Hothouse Flowers, ein Liebeslied in irischer Sprache aus dem vorigen Jahrhundert, das von den Bergen am anderen Ufer des Doolough-Sees widerhallt. »Ich kenne gar kein zeitgenössisches Lied, das von der Hungersnot handelt«, sagt O'Maonlai später, »es gibt sie zweifellos, aber sie sind mündlich überliefert, und bisher hat sich noch niemand die Mühe gemacht, sie aufzuschreiben.« Erst jetzt, 150 Jahre nach Beginn der Hungersnot, stößt das Thema auf breites Interesse: Es gibt Dokumentarfilme und eine Mini-Fernsehserie, in den Buchhandlungen liegt eine wahre Publikationsflut aus, und in Strokestown in der Grafschaft Roscommon wurde ein Famine-Museum eröffnet.

Auf dem Marsch spielen Amateurschauspieler

die grauenhaften Szenen nach, die sich hier vor knapp 150 Jahren ereignet haben: Zwei Frauen und ein Mann tragen eine Frauenleiche ans Ufer des Sees, auf einem Hügel sitzt eine schwarzgekleidete Frau und wiegt ihr totes Kind im Arm. Die Straße führt durch das Doolough-Tal, der Boden ist schlecht. Die Felder sind mit Steinen und Felsbrocken übersät, dazwischen weiden ein paar Schafe, hin und wieder sind Torfsoden in langen Bahnen zum Trocknen ausgelegt. Im Tal leben nur noch wenige Menschen. Manchmal sieht man oben an den Hängen Ruinen aus grobem Stein, und man versucht sich vorzustellen, wie damals die Bewohnerinnen und Bewohner in der Hoffnung auf Lebensmittel durch Schnee und Eis ins Tal hinabgestiegen sind.

Die 16 Kilometer nach Louisburgh ziehen sich scheinbar endlos dahin, viele fallen weit zurück oder lassen sich von Begleitbussen ein Stückchen mitnehmen. Als nach vier Stunden endlich das Ortsschild von Louisburgh auftaucht, sagt die Journalistin Mary Russell: »Ich bin fix und fertig, aber ich hatte belegte Brote und Getränke dabei, feste Schuhe an den Füßen, und außerdem schien die Sonne. Wie müssen sich die hungernden Menschen damals gefühlt haben, als sie den Nachbarn, die Freundin, den Verwandten tot am Straßenrand zurücklassen mußten.«

Gabriel Byrne lehnt an der einzigen Kreuzung in Louisburgh an einem Auto und verteilt Autogramme. Der schwarze Anzug sitzt noch tadellos, aber dem Gesicht des Schauspielers sieht man die Anstrengung an. Zwei Zehnjährige mit Sommersprossen und kurzgeschorenen Köpfen fragen ihn: »Brauchst du noch zwei Jungs für deinen Dokumentarfilm?« Byrne schüttelt bedauernd den Kopf und erklärt den entsetzten Knirpsen: »Da kommen nur Mädchen drin vor.«

Heiratsmarkt in Lisdoonvarna

Unter dem Bauwagen läuft Urin in drei schmalen Rinnsalen hervor und fließt die Straße hinunter. Ein paar Augenblicke später kommen drei Männer hinter dem hölzernen Wagen hervor und drängeln sich in die Menschentraube, die vor dem benachbarten Imperial Hotel in Lisdoonvarna nachts um eins ungeduldig auf Einlaß wartet. Weil der Tanzsaal des Hotels jedoch hoffnungslos überfüllt ist, läßt der *bouncer,* der allmächtige Türhüter mit dunklem Anzug und Fliege, nur genau so viele Leute hinein, wie aus dem Saal herauskommen. Wer im Hotel eine Übernachtung mit Frühstück gebucht hat, muß sich durch die Menge zwängen und dem Türsteher Namen und Zimmernummer nennen. Stimmt beides mit seiner Liste überein, öffnet er die Tür einen Spalt, durch den der Privilegierte – begleitet von neidischen Zurufen der Wartenden – hindurchschlüpfen darf.

Vor den anderen sechs Hotels an der Hauptstraße ist es nicht anders. In Lisdoonvarna, einem Fünfhundert-Seelen-Ort an der irischen Westküste, findet jeden September das »Matchmaking Festival« statt – ein Heiratsmarkt, der an den Wochenenden zwanzigtausend Menschen anzieht. Viele lassen ihre Autos vor dem Ort auf einer Wiese stehen, weil die beiden Straßen Lisdoonvarnas rund um die Uhr verstopft sind. Höhepunkt des Festivals ist die Wahl des »Mister Lisdoonvarna« am kommenden Wochenende. »Viele der Männer, die Jahr für Jahr herkommen, würden den Pokal für ihr Leben gerne gewinnen«, sagt Jim White, dem vier Hotels im Ort gehören, »damit sie ihn später ihren Enkelkindern zeigen können.«

White, ein drahtiger Fünfzigjähriger, stammt aus Donegal im Nordwesten, wo er Abgeordneter für die konservative Partei Fine Gael war. Vor dreißig Jahren kam er das erste Mal zum »Matchmaking Festival« und kehrte fortan jedes Jahr zurück. 1974 kaufte er das Hydro Hotel und ließ sich in Lisdoonvarna nieder. Inzwischen ist White die treibende Kraft hinter dem Festival – auch wenn er widerspricht: »Das gab es schon lange bevor ich nach Lisdoonvarna kam«, sagt er. »Es ist eins der ältesten Festivals Irlands, das fing schon vor 150 Jahren an.« Lisdoonvarna ist der einzige Kurort der Grünen Insel, die Heilquelle am Ende des Ortes enthält Schwefel, Magnesium, Eisen und Jod. »Die armen Pachtbauern konnten sich natürlich keinen Urlaub leisten«, erzählt White, »aber die reichen Landbesitzer kamen im September nach Lisdoonvarna, weil dann das Heu eingebracht und das Korn geschnitten war. Sie brachten die ganze Familie mit.«

Daraus entwickelte sich im Lauf der Jahre der Heiratsmarkt: Während die alten Leute zur Heilung in die Bäder gingen, veranstalteten die jüngeren Familienmitglieder Tänze, um sich die Zeit zu vertreiben. Der *tangler* sorgte für die Eheanbahnung. »Eigentlich war er nur für die Vermittlung zwischen Verkäufern und Kunden beim Rinderhandel zuständig«, sagt Jim White, »doch dann dehnte der *tangler* seinen Geschäftsbereich aus. So zog er im Land herum und riet den reichen Familien, mit ihren Söhnen und Töchtern im September nach Lisdoonvarna zu kommen, weil sie dort standesgemäße Ehepartner finden würden.«

Viel habe sich seitdem nicht verändert, meint White. Noch immer findet der erste Tanz des Tages unten an der Quelle im Spa Well Hotel statt – täglich um zwölf Uhr mittags. Nach dem Lunch geht man ins Wirtshaus, bis am Nachmittag wieder die Tanzveranstaltungen beginnen. »An einem schönen Tag spannten die Kurgäste früher die Pferde ein und fuhren zum Ballynalacken Castle«, sagt White. »Auch das ist heute noch so – allerdings nehmen sie statt der Kutsche das Auto, die Burg liegt nämlich ziemlich abseits. Abends kommen sie nach Lisdoonvarna zurück und tanzen in einer der 18 Kneipen, Bars und Hotels bis zum frühen Morgen.«

95 Prozent der Gäste sind Iren. Das Heiratsfestival ist auf die Generation zwischen dreißig und fünfzig zugeschnitten. »Dazwischen liegt nämlich die magische Vierzig, wenn die Unverheirateten langsam nervös werden«, sagt White. Er sieht sich als »indirekten Heiratsvermittler« und Organisator: »Ich erzähle den Leuten, wo etwas los ist. Wenn sie von einem Tanz zum nächsten ziehen, treffen sie immer wieder dieselben Menschen. Nach dem zweiten oder dritten Mal entsteht eine gewisse Vertrautheit, und man wagt es eher, jemanden zum Tanzen aufzufordern. Wer dann immer noch kein Glück hat, muß sich an Willie Daly wenden.«

Willie Daly ist der berühmteste *matchmaker* der Gegend. Er lebt mit seiner Frau und seinen sieben Kindern in einem neuen Bungalow außerhalb Lisdoonvarnas. Seinen alten Bauernhof auf dem Nachbargrundstück benutzt er als Stall für Pferde und Ponys, die er an Touristen vermietet. Die ganze Gegend lebt vom Tourismus, während des Heiratsfestivals ist jedes Zimmer vermietet – selbst in der Wohnsiedlung am Ortsrand Lisdoonvarnas.

In Dalys geräumiger Küche am Ende des Flures herrscht das Chaos: Unter dem Tisch liegen drei Pantoffeln, über die Lehne des blauen Stuhls mit Strohsitz sind ein paar Strickjacken geworfen, in der Ecke liegt eine Gitarre. Das »ewige Licht« neben dem Jesusbild an der Wand ist verlöscht: Die rote Birne fehlt. Willie Daly räumt das Frühstücksgeschirr in die Spülmaschine und singt dabei ein Volkslied. Er sieht trotz seines grauen Bartes und seiner bedächtigen Bewegungen jünger aus als Mitte fünfzig. Wenn er erzählt, schweift er immer wieder in Anekdoten ab, bei denen keineswegs sicher ist, ob sie sich wirklich so zugetragen haben.

»Auf den Tag genau vor drei Wochen war ich auf einer Hochzeit«, beginnt er eine dieser Geschichten, »der Mann war 82. Er hatte mich im Mai ständig angerufen, das waren wohl die Frühlingsgefühle. Meine Kuh kalbte gerade, und ich verlor langsam die Geduld mit ihm. Er sagte, daß er sein ganzes Leben mit seinen Eltern und einer Tante gelebt habe, aber nun sei auch die Tante gestorben, und er müsse sich etwas einfallen lassen. Um es kurz zu machen: Wenig später rief mich diese Frau aus Galway an und sagte, sie sei 34 und ihr Mann sei beim Melken durch einen Stromschlag getötet worden. Sie suche jemanden ohne Ambitionen – jemanden, der nicht scharf auf Haus, Land oder Geld sei. Ich sagte, ich hätte jemanden, aber er sei schon etwas älter. Das war ihr egal, und so bestellte ich ihn in ein Hotel in Ennis und fuhr mit ihr hin. Sie trug schwarze Strumpfhosen, einen roten Minirock und eine rote Bluse. Mit ihren schwarzen Haaren und braunen Augen sah sie wunderschön aus. Je näher wir ans Hotel kamen, desto nervöser wurde sie. John, der alte Knabe, saß mutterseelenallein in einem riesigen Saal. In dem Augenblick sah er sehr gebrechlich aus, noch viel älter als 82. Ich ließ die beiden dann allein, sie verstanden sich auf Anhieb. Johns Cousin war Trauzeuge, er ist auch schon 79 und immer noch Junggeselle. Ich soll ihm jetzt helfen, diesen Zustand zu ändern.«

Dalys Vater und Großvater waren bereits *matchmaker,* er selbst übernahm das Ehrenamt – die Klienten müssen lediglich die Telefonkosten tragen, Klientinnen zahlen gar nichts – vor 28 Jahren. Damals gab es kaum Tourismus, im Winter war es sehr einsam. »Viele meiner Freunde zogen in die Stadt, die alten Bauernhäuser verfielen langsam«, sagt Daly. »Das Land wurde schließlich von reichen Ausländern aufgekauft, die hier nur ein paar Wochen im Jahr verbringen. Das war für mich der Hauptgrund, mit der Heiratsvermittlung anzufangen.«

Daly findet seine Klienten in den Wirtshäusern

in Lisdoonvarna und Umgebung. Er hält dort regelmäßig »Sprechstunden« ab und macht sich dabei ein paar Notizen. Aus dem Küchenschrank zieht er ein riesiges, schweres Buch hervor und schlägt es auf. Es enthält Namen, Berufe, ein paar Hobbys. »Ich schreibe eigentlich sehr wenig auf«, sagt er. »Ich möchte das Element der Überraschung bewahren, die Leute sollen nicht allzuviel voneinander wissen, bevor ich sie zusammenbringe.« Die physische Anziehungskraft spielt nur zu sechzig Prozent eine Rolle, meint er. »Mehr ist nicht gut. Eine Frau heiratet einen Mann nicht nur, weil sie ihn attraktiv findet, sondern sie muß ihn auch mögen.« Daly fragt die Heiratswilligen kaum danach, wie sie sich den zukünftigen Partner oder die Partnerin vorstellen, sondern verläßt sich auf seine Intuition. »Wenn ich zuviel frage, scheiden viele mögliche Partner von vornherein aus, was bei einer persönlichen Begegnung ganz anders laufen könnte«, sagt er. Früher sei die Vermittlung einfacher gewesen. »Heutzutage sind die Frauen sehr unabhängig. Sie haben gute Jobs, verdienen Geld, und Männer sind nicht mehr so wichtig in ihrem Leben.«

Seit vier Jahren annonciert Daly in Dubliner Zeitungen »romantische Reitferien in Westirland«. Der Urlaub beinhaltet Übernachtungen in Pensionen und Farmhäusern sowie eine Nacht auf dem Campingplatz. »Beim ersten Mal nahmen 17 Leute daran teil«, erzählt Daly, »vier davon aus Deutschland, zwei aus Frankreich. Anfangs war der Umgang untereinander sehr reserviert. Das änderte sich in der fünften Nacht. Die

Gruppe zeltete gar nicht weit von hier. Draußen tobte ein Gewitter, und die Frauen hatten Angst. In der Nacht sind sich alle sehr viel näher gekommen, als wir es uns am Anfang vorgestellt hatten. Zwei der deutschen Frauen sind inzwischen mit Iren verheiratet.«

Während des Festivals hat Daly ein »Büro« im Hydro Hotel, einen kleinen Alkoven neben dem Eingang. In der vergangenen Woche suchten ihn dort drei protestantische Pfarrer aus England auf. »Sie wollten Frauen, die weder rauchen noch trinken«, sagt er, »am liebsten wären ihnen wohl Heilige gewesen. Aber die sind selbst in Irland selten geworden.«

Pfarrer kommen jedoch selten zu Daly, zwei Drittel seiner Klienten sind Bauern. Patrick Fleming ist einer von ihnen. »Er kam vor zehn Jahren mit seinem Traktor aus Limerick und blieb drei Wochen, aber ich fand niemanden für ihn«, erzählt Daly. »Eine Reporterin von der *Irish Times* schrieb danach einen Artikel über ihn, und daraufhin erhielt ich sieben Briefe – darunter den von einer Frau, die nur neun Meilen von Flemings Haus entfernt wohnte. Im folgenden Frühling wurde ich zur Hochzeit eingeladen. Danach hörte ich jahrelang nichts von ihm – bis heute: Er ist eben in Lisdoonvarna angekommen und hat erzählt, daß er mittlerweile fünf Kinder hat.«

Der Tanzsaal des Royal Spa Hotel hat den Charme einer Bahnhofshalle. Eine rote, eine grüne und eine gelbe Lampe sorgen für schummriges Licht. Auf der Bühne spielt eine Band Country-Musik. Die beiden alten Männer an Gitarre und

Schlagzeug und die junge Frau am Synthesizer machen ein Gesicht, als wenn sie zu einer Beerdigung aufspielten. Die Gäste drängeln sich ohnehin an der Theke und nicht auf der Tanzfläche. Neun Mal im September ist die Sperrstunde in Lisdoonvarna bis halb zwei verlängert. Eine halbe Stunde später leert sich der Saal, die Gäste ziehen weiter zum Hydro Hotel, wo es mit einer Sondergenehmigung bis fünf Uhr weitergeht. Unterwegs kann man sich auf dem Marktplatz an drei Würstchenbuden auf Rädern mit Fast food versorgen. Ein Schausteller, der daneben seinen »Hau-den-Lukas« aufgebaut hat, verdient auch nachts noch recht gut an der Eitelkeit der Männer.

Am Eingang des Hydro Hotels hat sich eine lange Schlange gebildet. Jim White steht im Foyer und überwacht die Einlaßprozedur. »Es ist die einmalige Atmosphäre, die die Menschen jedes Jahr magnetisch anzieht«, sagt er. »Man könnte den Leuten eine Woche kostenlosen Urlaub irgendwo in der Welt anbieten – die meisten würden Lisdoonvarna vorziehen.«

Der Stammesweise aus Irland

Er wirkt immer noch sehr groß, als er ein wenig gebeugt und auf einen Stock gestützt ins Zimmer kommt. Er setzt sich ganz langsam auf die niedrige Couch, über der mehrere Ölporträts hängen, die seine dritte Frau Finola Graham von ihm gemalt hat: Francis Stuart, Jahrgang 1902, irischer Dichter und Schriftsteller. Er fährt sich durch die dichten weißen Haare, öffnet dann eine Holzschatulle und nimmt einen gewundenen Kranz aus vergoldetem Silber heraus, der unten offen ist – den *torc,* die Nachbildung eines Schmuckstücks aus der späten Bronzezeit um tausend vor Christus, das bei Ausgrabungen in der Nähe von Belfast gefunden worden ist.

Der *torc,* den ihm die irische Präsidentin Mary Robinson verliehen hat, ist das Symbol für einen *saoi von Aosdana*. Es ist die höchste Auszeichnung, die Irland an seine Schriftsteller zu vergeben hat. Stuart gehört nun zu den »Stammesweisen«, von denen es nie mehr als fünf gleichzeitig gibt. Allerdings geht die Auszeichnung keineswegs auf die Frühgeschichte zurück, wie der *torc* vermuten läßt, sondern sie ist erst in den achtziger Jahren eingeführt worden. Zu den ersten Würdenträgern zählte Samuel Beckett.

Die Biographien von Beckett und Stuart weisen einige Berührungspunkte auf, bewegen sich dann jedoch in verschiedene Richtungen: Beckett ist in Paris, als der Zweite Weltkrieg beginnt, und schließt sich der Résistance an. Stuart, als Sohn irischer Emigranten in Australien geboren und im Alter von einem Jahr nach Irland gekommen, macht 1939 eine Lesereise durch das faschistische Deutschland, auf der ihm eine Dozentenstelle in Berlin angeboten wird. In Berlin trifft er einen anderen Iren: William Joyce, der für die Nazis Propagandasendungen macht, die nach England ausgestrahlt werden. Sie beginnen mit den Worten: »Germany calling!« Seine schnarrende Stimme bringt ihm in England den Spitznamen »Lord Haw-Haw« ein. Nach dem Krieg wird Joyce in England hingerichtet.

»Ich wurde gefragt, ob ich Reden für ihn schreiben würde«, erzählt Stuart, »und ich sagte zu. Im Gegensatz zu ihm war ich nie antisemitisch, sondern ich sah es als Chance, eine Stimme nach Irland zu senden, die einen anderen Aspekt vermittelte. Irland wurde damals von pro-alliierter Propaganda aus Amerika und aus England überflutet.« Stuart bekommt eine eigene Radiosendung, doch sie wird schon bald nur noch unregelmäßig gesendet, weil seine Texte zu zahm sind. Stuart bezieht sich in seinen Ansprachen nie auf militärische Ereignisse oder begrüßt den deutschen Vormarsch.

»Aber ich bezog mich auf die Heuchelei, die Scheinheiligkeit der Alliierten, und insbesondere der Briten, die in ihrer Geschichte, wie gerade wir Iren nur zu genau wissen, so viele kleine und schwache Nationen erobert und Verbrechen gegen die Menschlichkeit begangen haben«, sagt Stuart und fügt hinzu: »Für mich waren die Russen die einzige kriegführende Nation, vor der irgend jemand Respekt haben konnte, weil sie keine Zivilisten bombardiert haben.«

Stuart lernt in Berlin den Widerstandskämpfer Harro Schulze-Boysen kennen, der für die »Rote Kapelle« arbeitet. Stuart erfährt das jedoch erst nach dessen Verhaftung, weil die Gestapo seinen Namen in Schulze-Boysens Adreßbuch findet. »Die Gestapo kam zur Pension und fragte die Wirtin über mich aus«, erzählt Stuart. »Sie sagte, daß ich ein irischer Neutraler sei und Protektion von hohen Stellen hatte, was ja auch stimmte.«

Wegen Stuarts kantiger Biographie ist seine Ernennung zum *saoi* in Irland auf Kritik gestoßen. Er sei nicht in der Stunde der Niederlage nach Deutschland gegangen, sondern in der Stunde des Sieges, moniert der Journalist Kevin Myers und fragt: »Hätte Deutschland ganz Europa erobert, wie es während des Großteils seines Aufenthalts in Berlin wahrscheinlich schien, wäre er dann nicht als wahrer Verbündeter des Dritten Reiches gefeiert worden?«

Der Journalist und Historiker Robert Fisk, der ein Standardwerk über Irlands Neutralität im Zweiten Weltkrieg geschrieben hat, widerspricht Myers: »Ich habe die Transkripte von Stuarts Radiosendungen, die 1942 begannen, gelesen. Er sagte weder, daß Hitler ein großartiger Kerl sei, noch hat er jemals die Verfolgung der Juden gutgeheißen. Wenn man allerdings für einen Nazisender arbeitet, wird man leicht mit dem System assoziiert. Er erzählte mir, daß er die Deutschen haßte, solange sie obenauf waren. Ihre Niederlage setzte in ihm jedoch Emotionen frei.«

Ganz so weiß ist Stuarts Weste freilich nicht. Er sei »voller Enthusiasmus« für Hitler, sagt er in einer seiner Sendungen. »Hier ist endlich jemand, der die Weitsicht und den Mut hat, den Finanziers, Politikern und Bankiers das Recht auf Herrschaft abzusprechen«, heißt es in derselben Sendung, und jeder weiß, daß die Juden gemeint sind. »Es scheint mir doch besser, von jemandem beherrscht zu werden, dem das Wohl seines Volkes zweifellos am Herzen liegt, als von einer Bande, die lediglich am Weltmarktpreis ihrer Waren interessiert ist.« In seinem Meisterwerk »Black List, Section H« gibt Stuarts Alter ego denn auch zu, er sei »nicht sicher, daß er nicht mit der Pest des Nazismus infiziert« sei.

Das Kriegsende erlebt Stuart mit seiner Freundin Gertrude Meissner, seiner ehemaligen Studentin, die er 1954 nach dem Tod seiner ersten Frau Iseult Gonne heiratet, in Lindau am Bodensee, wo sich die irische Botschaft provisorisch eingerichtet hat, nachdem das Botschaftsgebäude in Berlin zerbombt worden war. Beide geraten in französische Gefangenschaft. »Ein hochgestellter Offizier vom französischen Geheimdienst war sehr interessiert an der IRA«, sagt Stuart. »Ich konnte ihm viel darüber erzählen.«

Mit 17 hatte der in nordirischen Unionistenkreisen aufgewachsene Stuart in Dublin Iseult, die Tochter der Freiheitskämpferin Maud Gonne, kennengelernt. »Die Hochzeit fand im Mai 1920 statt«, sagt Stuart. »Das war kurz vor meinem 18.

Geburtstag, Iseult war damals so um die 25. Als meine beiden Onkel hörten, daß ich in diese Nationalistenfamilie einheiraten wollte, waren sie entsetzt. Sie erzählten Maud Gonne vom Selbstmord meines Vaters, und daß ich seine sehr unausgeglichene Psyche geerbt hätte und keinen guten Ehemann abgeben würde.« Die beiden heiraten dennoch.

Irlands erster Literaturnobelpreisträger William Butler Yeats bezeichnete Stuart als »einen der größten neuen Namen« in der irischen Dichtung, beschrieb ihn in einem Gedicht jedoch auch als »Dummkopf«. Das hat aber eher private Gründe: Yeats wurde zunächst von Maud Gonne, für die er zahlreiche Gedichte verfaßt hatte, und dann von Iseult zurückgewiesen. »Yeats konnte keine Liebesgedichte schreiben«, sagt Stuart, »welche Frau möchte schon Liebesgedichte bekommen, die so anfangen: ›Geh vorsichtig, denn du gehst auf meinen Träumen.‹ Das ist doch Schrott.«

Durch Iseults Bruder Sean McBride, der später Amnesty International gründete und den Friedensnobelpreis erhielt, kam Stuart in Kontakt mit der IRA. »Ich war mit Sean, der in der IRA-Hierarchie weit oben stand, damals befreundet«, erzählt Stuart. Während des irischen Bürgerkrieges 1922, der nach der Teilung der Insel ausgebrochen ist, hilft er im Lazarett für verwundete Republikaner, das seine Schwiegermutter in ihrem Haus am Dubliner Stephen's Green eingerichtet hat. Einer der verwundeten IRA-Kämpfer bittet Stuart, Waffen von einem Lieferanten in Brüssel abzuholen und nach Irland zu schmuggeln. Für seinen Einsatz auf republikanischer Seite wird Stuart später ein Jahr interniert. Danach zieht er sich aufs Land zurück, beginnt sich für Rennpferde zu interessieren und arbeitet als Hühnerzüchter. Das Schreiben vernachlässigt er in dieser Zeit jedoch nicht.

Stuart hat 16 Romane, zwei Theaterstücke, zwei Gedichtsammlungen und eine Prosasammlung herausgebracht. Seine Erfahrungen in Deutschland erschienen 1948 unter dem Titel »The Pillar of Cloud« – zu deutsch: »Die Wolkensäule«. Als er 1958 nach Irland zurückkehrt, hat er große Schwierigkeiten, einen Verleger zu finden. Erst 1972 erscheint wieder ein Buch von ihm: »Black List, Section H.«

Über seine Ernennung zum *saoi* – und vor allem über das damit verbundene Jahressalär von umgerechnet rund 20.000 Mark – freut er sich: »Ich fühle mich geehrt, und was man bei solch einer Gelegenheit sonst noch so sagt.« Aber dann schränkt er ein: »Ich bin ein Mann der Tat und hätte diese Auszeichnung lieber in der Schlacht von Clontaf erworben und nicht am Schreibtisch.« In jener Schlacht besiegte der irische Hochkönig Brian Boru die Wikinger. Das war am 23. April 1014.

Wenn ich eine Orange esse, denke ich an Irland

»Da oben war mein Schlafzimmer«, sagt Friedhelm Krüll. Der kleine, schlanke Mann mit dichten, schwarzen Haaren zeigt auf das alte Steingemäuer hinter dem grünen Drahtzaun. »Darunter lag die Küche.« Die meisten Fensterscheiben sind kaputt, das Gebäude ist baupolizeilich gesperrt, lediglich die kleine Kirche nebenan und der gegenüberliegende Flachbau sind benutzbar. »Damals«, sagt Krüll, »war das hier ein Krankenhaus.«

Damals – das war 1947. Krüll war sechs, und er gehörte einer Gruppe von vierhundert deutschen Kindern an, die nach dem Zweiten Weltkrieg nach Irland verschickt wurden, weil sie zu Hause verhungert wären. Die meisten gingen zwei, drei Jahre später zu ihren Familien nach Deutschland zurück, doch fünfzig von ihnen blieben für immer in Irland. Die erste Station der Kinder, die an der »Operation Shamrock« teilnahmen, war Glencree in den Bergen von Wicklow südlich von Dublin. Hier warteten sie darauf, an Pflegeeltern vermittelt zu werden.

160 von ihnen kamen zum fünfzigsten Jubiläum der »Operation Shamrock« nach Irland zurück. Glencree hat sich verändert. Das ehemalige Krankenhaus war nach der Rebellion von 1798 als Kaserne der britischen Armee gebaut worden. Anfang der siebziger Jahre wurde es als Jugendherberge genutzt, seit 1975 ist hier das Zentrum

für Versöhnung untergebracht: eine irische Friedensinitiative, an der Freiwillige aus der ganzen Welt mitarbeiten. Friedhelm Krüll hat einen Anteilsschein gekauft, um das Versöhnungszentrum zu unterstützen.

»Ich war einer der letzten, die an Pflegeeltern vermittelt wurden«, sagt er. Krüll hatte neun Brüder und eine Schwester. Seine Mutter hatte nach dem Tod ihres ersten Ehemannes dessen Bruder geheiratet, Friedhelm kam zwischen den Ehen zur Welt. Seine Mutter verloste die Irlandreise unter den Geschwistern. Seine Familie habe er nicht vermißt: »Hier mußte man keine Angst vor Bomben haben, und es gab regelmäßige Mahlzeiten.«

Die »Operation Shamrock« beruhte auf einer Idee der »Gesellschaft zur Rettung deutscher Kinder«, die am 16. Oktober 1945 in der Dubliner Shelbourne Hall gegründet worden war. Die Kinderärztin Kathleen Murphy, die zur Vorsitzenden gewählt wurde, sagte, man konzentriere sich auf deutsche Kinder, weil die am meisten Not litten und es eine Christenpflicht sei, ihnen zu helfen.

Einige Mitglieder hatten jedoch Hintergedanken. »Feldwebel J. J. O'Byrne sagte, er unterstütze die Gründung der Gesellschaft wegen seiner prodeutschen Einstellung und seines Hasses auf Großbritannien«, schrieb die *Irish Times* damals. »Man müsse alles unternehmen, um den angelsächsischen Einfluß zu beenden, und zwar nicht nur hier, sondern überall.« Ein anderer sagte, man stehe in der Schuld der Deutschen, weil die irische Unabhängigkeit mit deutschen Waffen erkämpft worden sei.

Der britischen Regierung war die »Gesellschaft zur Rettung deutscher Kinder« von Anfang an suspekt, man hielt sie für eine faschistische Tarnorganisation. Sie wollte mit den Leuten nichts zu tun haben und wandte sich an das Rote Kreuz, das die Transporte organisieren sollte. Die meisten Kinder, die nach Irland kommen sollten, stammten aus dem britisch besetzten Nordrhein-Westfalen. Sie waren fast alle katholisch, nur eine Handvoll Protestanten konnte an dem Programm teilnehmen. Jüdische Kinder fehlten ganz: Man hielt es für zu schwierig, sie in einem katholischen Land großzuziehen.

Friedhelm Krüll wurde vor seiner Kommunion mit acht Jahren ein zweites Mal katholisch getauft. Seine Pflegeeltern, die Cotters, wollten auf Nummer Sicher gehen. »Wir haben von der ›Operation Shamrock‹ damals im Radio gehört«, sagt Billie Cotter. Er hat ein rotes Gesicht, leuchtend blaue Augen, weiße Haare und einen mächtigen weißen Backenbart, seine achtzig Jahre sieht man Cotter nicht an. »Wir wollten einen Jungen haben, der so alt war wie unser eigener Sohn.« Der kleine Krüll habe viel Unfug angestellt, sagt Olive Cotter, die ein Jahr jünger ist als ihr Mann. Wenn sie von ihrem deutschen Sohn erzählt, muß sie zwischendurch immer wieder lachen. »Einmal nahm er heimlich unser Scheckbuch und wollte damit Süßigkeiten kaufen. Aber er wußte nicht, daß man die Schecks ausfüllen muß, bevor man sie einlöst.« Ein anderes Mal habe er seine neuen Schuhe aus heiterem Himmel in den Fluß geworfen. »Unsere anderen Kinder beschwerten sich manchmal, daß wir ihm mehr durchgehen ließen als ihnen«, sagt Olive Cotter, »aber wir wußten ja, was er durchgemacht hatte.«

Krüll sagt jedoch, er habe immer Glück gehabt: »Ich habe in meinem Leben nur nette Menschen getroffen.« Er blieb fast zehn Jahre in Irland – länger als die meisten anderen Kinder. Eines Tages meldete sich die Botschaft und erklärte, seine Mutter wollte ihn zurück nach Deutschland holen. »Es war sehr schwer für uns«, sagt Billie Cotter, »er gehörte längst zur Familie.« In Deutschland steckte ihn die Mutter zunächst für anderthalb Jahre ins Heim, weil sie nichts mit ihm anfangen konnte: Ihr Sohn sprach kein Deutsch mehr.

Heute spricht Friedhelm Krüll zwei Fremdsprachen: Deutsch und Englisch. Eine richtige Muttersprache hat er nicht. »Als ich nach Irland ging, konnte ich kein Wort Englisch«, sagt er. »Als ich nach Deutschland zurück mußte, hatte ich mein Deutsch verlernt.« Noch heute hat er Schwierigkeiten, wenn er einen Brief auf deutsch schreiben muß. Und wenn er englisch spricht, hat er immer noch einen ausgeprägten irischen Akzent.

Die alte Aine Kelly in dem kleinen Laden neben dem Eingangstor zum Versöhnungszentrum kann sich noch gut an die deutschen Kinder erinnern. »Ihr kamt immer in den Laden gestürmt, wenn euch jemand ein paar Pennies gegeben hatte, und wolltet Eis«, sagt sie zu Krüll. Der Laden sehe noch so aus wie früher, erzählt Krüll, nur die Eingangstür sei neu. Dahinter tritt man in einen winzigen Raum, in dem nicht mehr als zwei Kunden Platz haben. Auf der anderen Seite der Holztheke hängen ein paar braune Regale an der Wand, auf denen kleine Kartons mit Süßigkeiten und Limonade aufgestapelt sind. Auf dem Boden steht ein Kühlschrank mit Eis. »Mehr gibt es bei mir nicht«, lacht Aine Kelly, dabei sieht man ein halbes Dutzend Zahnstummel in ihrem Mund. Sie trägt einen dicken Wollpullover, denn der Laden, den sie seit 1939 führt, hat keine Heizung. Dann steckt sie das Eis, das Friedhelm Krüll auch diesmal gekauft hat, in eine gebrauchte Papiertüte.

»Ist das nicht wunderbar«, sinniert Krüll. »Sie verkauft ihre Waren immer noch in gebrauchten Papiertüten. Wenn ich nach Irland komme, fühle ich mich zu Hause.« Zweimal hat er versucht, ganz nach Irland zurückzugehen, doch die Baufirmen, die ihn eingestellt hatten, machten beide schon nach kurzer Zeit Pleite.

Bei Hildegard Jones ist es umgekehrt. »Ich bin Deutsche, ich fühle deutsch, und ich denke deutsch«, sagt sie. Aber sie spricht kaum noch deutsch. »Meine Pflegeeltern kappten sämtliche Verbindungen nach Deutschland und beschafften mir sogar einen irischen Paß«, sagt sie. »Sie haben mir dadurch nicht nur mein Vaterland und meine Sprache, sondern auch meine Würde genommen.«

In ihrem Haus in der Nähe des Flughafens im Norden Dublins wimmelt es nur so von Andenken aus Deutschland: ein Berlin-Aufkleber, ein Bierdeckel aus Köln, Münchner Bierhumpen, ein Deutschland-Wappen aus Metall mit sechs

Haken, an denen Schnapsgläser hängen. In der Ecke steht ein Osterstrauß mit gelbgefärbten Ostereiern.

Hildegard Jones ist während des Krieges in Aachen aufgewachsen. Damals hieß sie noch Grabsch. Die Mutter war oft fort, Hildegard und ihre Schwester Marlene mußten dann ins Heim. »Heute weiß ich, wo sie damals war«, sagt Hildegard Jones. »Mein Vater war Offizier in der Luftwaffe, ein hundertzehnprozentiger Nazi, aber Mama war vollkommen gegen die Nazis eingestellt. Sie weigerte sich, die Sonderrationen für Offiziersfamilien anzunehmen, und Vater sorgte dafür, daß sie ins Konzentrationslager nach Berlin kam. Einmal ließ er sie verhaften, weil sie sich eine Jazzsendung im Radio angehört hatte.«

Nach dem Krieg schickte der Vater sie und ihre Schwester nach Irland. In Glencree wurden die Mädchen zunächst getrennt, Hildegard wurde von den Brannocks aufgenommen. Doch die Mädchen hatten Glück, Marlenes Pflegeeltern waren mit den Brannocks befreundet, und so kamen die Schwestern wieder zusammen. »Die Zeit bei den Brannocks gehört zu meinen schönsten Erinnerungen«, sagt Jones. Nach zwei Jahren mußte sie zurück nach Deutschland. Ihr Vater erstritt das Sorgerecht und unterband jeden Kontakt zur Mutter. »Er schlug mich andauernd«, sagt sie, »bis die Nachbarn die Polizei verständigten. Ich hatte am ganzen Körper blaue Flecken und rote Striemen. Er mußte für sechs Wochen ins Gefängnis. Danach wollte er nichts mehr mit mir zu tun haben und schickte mich wieder nach

Irland.« Die Brannocks waren zu alt, um sie erneut aufzunehmen, und so kam sie zu einer anderen Familie. »Die waren anders als die Brannocks«, erinnert sie sich. »Sie behandelten mich wie eine Sklavin. Nach meiner Arbeit in einem Geschäft mußte ich die Hausarbeit machen. Sie nahmen mir mein Geld ab, zum Tanzen durfte ich so gut wie nie.«

Einmal aber doch: Dabei lernte sie Frank kennen. Die beiden heirateten schnell, weil Hildegard von ihren Pflegeeltern weg wollte. Sie bekam fünf Kinder und blieb in Irland. Die Nachforschungen nach ihrer Mutter hatten erst nach zwanzig Jahren Erfolg: Hildegard Jones fand sie in Berlin, wo sie eine Kneipe hatte. »Eigentlich war es keine richtige Kneipe«, sagt Hildegard Jones, »mehr so ein Club für ungezogene Mädchen. Die liefen da nackt herum.« Sie besucht die Mutter seitdem regelmäßig. »Nur mit Mama kann ich deutsch reden, bei anderen Deutschen ist es schwierig. Die Sprache ist in meinem Kopf, aber sie kommt nicht aus dem Mund heraus.«

Den irischen Behörden war das Sprachproblem damals wohl bewußt. Deshalb schickte man die deutschen Kinder später nicht mehr in Gastfamilien, sondern behielt sie sechs Monate in Glencree. Ein deutscher Lehrer unterrichtete sie vormittags, damit sie ihre Muttersprache nicht verlernten. Der Lehrer war Herr Buschmeier, der auch zur Jubiläumsfeier nach Glencree gekommen ist. Er hat sein Fotoalbum mitgebracht und zeigt es Aidan Maher, dem Verwalter des Bauernhofs, der dem Krankenhaus damals angeschlossen war. Die beiden Mittsiebziger tauschen Erinnerungen aus, versuchen sich Namen ins Gedächtnis zu rufen und verabreden sich schließlich für den Abend auf ein Guinness.

»Wie damals«, sagt Aidan Maher und rückt seinen grauen Filzhut zurecht, in den er eine kleine rote Feder gesteckt hat. Dann zieht er einen grauen Pappkarton aus der Hosentasche. Darin kommt eine blaue Schatulle mit dem Bundesverdienstkreuz zum Vorschein. Das hat er für die Pflege des deutschen Soldatenfriedhofs bekommen. Die rund dreißig Grabkreuze der meist unbekannten deutschen Soldaten aus den beiden Weltkriegen ragen über der Hügelkuppe hinter dem Versöhnungszentrum hoch. Maher steckt die Schatulle umständlich in seine Tasche zurück. »Es ging damals zu wie im Zoo«, sagt er zu Friedhelm Krüll. »Am Wochenende kamen die irischen Familien und begafften euch, und manchmal steckten sie euch sogar eine Orange zu.« Und Krüll antwortet: »Noch heute muß ich an Irland denken, wenn ich eine Orange esse.«

Das Bildnis des Sean Ryan

Jer O'Leary sieht ziemlich heruntergekommen aus: unrasiert, zerzauste Haare, Ringe unter den Augen und die Stimme noch ein paar Nuancen knarrender als sonst. »Ich stehe gerade bei der Verfilmung des Defoe-Romans ›Moll Flanders‹ vor der Kamera«, sagt der Dubliner Schauspieler, »und ich spiele wie immer einen Schurken.« In dem für mehrere Oscars nominierten Film »Im Namen des Vaters« mit Daniel Day-Lewis spielte er einen Gefangenen, im Richard-Harris-Film »Das Feld« war er das stets übelgelaunte Familienoberhaupt der Fahrenden. Aber wirklich bekannt ist er in Irland durch seine Rolle als historischer Volksheld geworden: Wann immer im Film oder auf der Bühne der Gewerkschaftsgründer Jim Larkin auftritt, wird er von O'Leary gespielt.

»Wir haben heute in Thurles gedreht«, knarrt O'Leary, »da ist mir aufgefallen, daß jeder Dödel sein eigenes Denkmal hat. Das ganze Land ist voll davon. Aber einer, der es wirklich verdient hätte, ist bis heute leer ausgegangen: der größte Sohn von Thurles.« Die Kleinstadt mit knapp 10.000 Einwohnern liegt in der irischen Grafschaft Tipperary. Die alte Bischofsstadt ist wegen ihrer ehemaligen Zisterzienserabtei aus dem 13. Jahrhundert bekannt. Außerdem ist in der Totenkapelle der Kathedrale Erzbischof Croke begraben, einer der Mitbegründer des Gälischen Sportverbandes, der seit Ende des vergangenen Jahrhunderts die traditionellen Sportarten *Gaelic football* und *hurling* fördert.

Aber Thurles hat auch einen Boxweltmeister im Schwergewicht hervorgebracht: Sean Ryan, geboren am 15. März 1853. »Er wanderte später mit seinen Eltern nach Troy in New York aus und erwarb sich bald einen Spitznamen: der trojanische Gigant«, sagt O'Leary, der nebenbei ein wandelndes Sportlexikon ist. Am 30. Mai 1880 schlug Ryan im Bahnhof von Colliers an der Grenze zwischen West Virginia und Pennsylvania den Engländer Joe Coss k.o. – nach 87 Runden mit blanken Fäusten. »Das ist in die Annalen der Boxgeschichte eingegangen und auch anerkannt«, sagt O'Leary. »Was Ryan so einzigartig macht, ist die Tatsache, daß es sein erster Profikampf war. Das ist vor ihm oder nach ihm keinem Kämpfer mehr gelungen.«

Freilich verlor er den Titel in seinem zweiten Kampf gleich wieder, und zwar gegen John L. Sullivan – »die Hand, die die Welt erschütterte«, nennt O'Leary ihn. Bei dem denkwürdigen Kampf im Februar 1882 im Barnes Hotel in Mississippi war auch der Dubliner Schriftsteller Oscar Wilde anwesend. »Er war auf einer Vorlesungsreise durch Amerika«, sagt O'Leary, »als er von einer Londoner Zeitschrift den Auftrag bekam, über den Boxkampf zu berichten. Das steht in keiner Wilde-Biographie, und leider konnte ich den Artikel bisher auch nicht ausfindig machen.«

Im selben Jahr wurde Roosevelt geboren, Polygamie in den USA verboten und der berüchtigte Jesse James in St. Joseph, Missouri, hinterrücks erschossen. »Wilde war bei der Beerdigung dabei und hat auch darüber geschrieben«, meint O'Leary, »aber das ist im Gegensatz zu seinem Boxartikel weithin bekannt.« 13 Jahre später wurde Wilde wegen Homosexualität zu zwei Jahren Zuchthaus verurteilt, nachdem er mit seiner Verleumdungsklage gegen Lord Queensberry, den Vater seines Freundes Alfred Douglas, vor Gericht unterlegen war.

Darüber schrieb auch Dublins schriftstellernder Trinker Brendan Behan. In seiner Kurzgeschichte »Nach der Totenwache« heißt es, daß »Lord Alfred Douglas immerhin der Sohn des Marquis von Queensberry war und ein ganzer Kerl, der auch seine Fäuste gut zu gebrauchen wußte, als Oscar Wilde den alten Q. die Treppe hinunterwarf und seinen Kammerdiener gleich hinterher.« O'Leary sagt dazu: »Wilde starb 1900, Ryan ein Jahr danach, und Lord Queensberry hat die Gewichtsklassen und die allgemeinen Regeln für den Boxsport eingeführt, die noch heute gelten. So schließt sich der Kreis.«

Sport und Politik

Nichts geht mehr, die nördlichen Dubliner Viertel sind weiträumig abgesperrt, die Autos parken kreuz und quer auf Fahrbahn und Gehweg, außer den blau uniformierten Polizisten ist niemand zu sehen. Manchmal dringt ein Freudenschrei aus einem Pub. Es ist ein typischer »All Ireland Day«.

Seit mehr als hundert Jahren finden am 1. und 3. September die Endspiele in den traditionellen irischen Sportarten *hurling* und *Gaelic football* statt. Die Eintrittskarten für den Croke Park im Norden der irischen Hauptstadt werden wie Wertpapiere gehandelt, wer leer ausgeht, verfolgt die Spiele vor dem Bildschirm im Pub. In diesem Jahr hatten die Schwarzmarkthändler bereits beim Halbfinale Hochkonjunktur, denn das Spiel zwischen den Grafschaften Clare und Offaly mußte zweimal wiederholt werden. Das erste Spiel ging unentschieden aus, die Neuansetzung gewann der Titelverteidiger aus Clare, doch der Schiedsrichter hatte zwei Minuten zu früh abgepfiffen. Das Spiel wurde laut Reglement annulliert. Die Nation litt mit den beiden Mannschaften, und für einen Moment trat selbst der Staatsbesuch des US-Präsidenten Bill Clinton in den Hintergrund. Beim dritten Versuch lag Offaly knapp vorne, besiegte eine Woche später im Endspiel auch den Favoriten aus Kilkenny und löste in der kleinen Grafschaft südwestlich von Dublin einen Freudenfest aus, das eine Woche dauerte.

Das Finale wurde in vielen europäischen Ländern, in Australien und Afrika sowie von einem Dutzend Fernsehsendern in den USA live übertragen. Es sind nicht nur die ausgewanderten Iren, die gebannt zuschauen, *hurling* fasziniert auch die Anhänger von Baseball oder Fußball. Es ist das schnellste Feldspiel der Welt. 15 Spieler pro Mannschaft versuchen, einen kleinen Lederball in das gegnerische Tor zu befördern. Dazu dürfen sie die Hand, den Fuß oder einen Eschenholzschläger benutzen, der einen Meter lang und am Ende abgeflacht ist. Ein Tor zählt drei Punkte, geht der Ball zwischen den verlängerten Pfosten über die Querlatte, gibt es einen Punkt – eine Regel, die so manchen Stürmer der zur Zeit recht erfolglosen irischen Fußball-Nationalmannschaft neidisch machen könnte. Torrichter in langen, weißen Kitteln wachen über die Flugbahn und signalisieren einen Punktgewinn mit Fähnchen.

Es sieht gefährlich aus, wenn die Spieler den *hurley,* den Schläger, über dem Kopf schwingen und auf den Ball eindreschen. Ein englischer Beobachter bezeichnete *hurling* einmal als »wohlorganisiertes Gemetzel«. Um Verletzungen vorzubeugen, tragen die meisten Spieler heutzutage Helme, was einen Hurlingstar vergangener Zeiten zu der Bemerkung veranlaßte, die Memmen sollten doch lieber Halma spielen. Wenn Frauen *hurling* spielen, heißt es *camogie.* Der Unterschied besteht darin, daß Spielfeld und Tore kleiner sind und die Spielerinnen Röckchen tragen müssen, so schreibt es der Verband vor.

Die andere traditionelle irische Sportart, *Gaelic football*, wird nach ähnlichen Regeln wie *hurling* gespielt. Allerdings benutzen die Spieler keinen Schläger, um den Fußball ins Tor oder über die Querlatte zu befördern. Sie dürfen ihn mit der Hand spielen, müssen ihn jedoch mit dem Fuß vom Boden aufnehmen. Während es auf den Tribünen stets friedlich zugeht, brechen unter den Spielern im Eifer des Gefechts hin und wieder Schlägereien aus, was aber selbst bei diesem sonst so rauhen Spiel verboten ist und mit Platzverweis bestraft wird.

Dabei geht es bei *hurling* und *Gaelic football* vor allem um die Ehre, Geld können die Spieler damit nicht verdienen. Allerdings können sie für die Zukunft vorsorgen, falls sie politische Ambitionen haben: Wer jahrelang für sein Grafschaftsteam auf Punkt- und Torejagd gegangen ist, kann sich darauf verlassen, nach dem Rücktritt vom Sport bei den nächsten Bezirkswahlen ebenso erfolgreich abzuschneiden. Jack Lynch, Hurlingstar aus Cork, wurde 1966 sogar irischer Premierminister.

Hurling und *Gaelic football* sind eine gesamtirische Angelegenheit, an der auch die sechs nordirischen Grafschaften teilnehmen – wenn auch nur der katholisch-nationalistische Teil. Die traditionellen Sportarten standen schon immer in engem Zusammenhang mit Politik. *Hurling* und *Gaelic football* erlebten im Zuge der nationalen Bewegung Ende des vergangenen Jahrhunderts einen Aufschwung. Der Traditionssport wurde zusammen mit der irischen Sprache und Kultur

Teil des Widerstands gegen die englischen Besatzer, denen das nicht verborgen blieb: Bereits 1890 stellte der englische Geheimdienst einen Beamten ab, der sämtliche Veranstaltungen des Sportverbands Gaelic Athletic Association (GAA) besuchen mußte.

Die GAA war 1884 von sieben Männern gegründet worden, die Schirmherrschaft übernahm Erzbischof Croke, nach dem das Dubliner Stadion benannt ist. Polizisten, Gefängniswärter und Soldaten durften der GAA nicht beitreten, weil man eine Unterwanderung durch Agenten verhindern wollte. 1920 beschränkten sich die englischen Sicherheitskräfte freilich nicht mehr auf Überwachung, nach einem IRA-Anschlag stürmten die Söldner den Croke Park und erschossen aus Rache 13 Menschen, darunter den Kapitän des Tipperary-Teams.

Inzwischen ist die GAA ein staatstragender Verband, an dessen Spitze Männer stehen, die fast so alt wie die GAA selbst sind. Doch die alten antienglischen Ressentiments brechen hin und wieder durch. Gerade hat man das Beitrittsverbot für nordirische Polizisten erneuert, und die Trophäe im *Gaelic football*, der »Sam Maguire Cup«, wurde nach einem IRA-Mann benannt. Sam Maguire aus der Grafschaft Cork stand mit seiner Mannschaft Anfang des Jahrhunderts dreimal im Endspiel, er war ein enger Vertrauter des späteren IRA-Chefs Michael Collins und soll ihn für Politik interessiert haben. Kildare hat bereits 23mal den »Sam« gewonnen, doch die Grenzgrafschaft Cavan ist das einzige Team, das ihn außerhalb

Irlands errang: 1947 wurde das Endspiel im New Yorker Polostadion ausgetragen.

Das GAA-Heiligtum, der Croke Park, bleibt englischen Sportarten wie Fußball, Rugby, Hockey oder Cricket nach wie vor verschlossen. Die Fußballer müssen ins kleine Rugbystadion ausweichen, und als sie anläßlich eines großen Spiels wieder mal einen Antrag auf den Croke Park stellten, fragte GAA-Präsident Michael Loftus ob dieser Anmaßung entsetzt: »Eine Garnisonssportart in unserem Stadion?« Bis 1971 war es den GAA-Mitgliedern verboten, sich diese »barbarischen Spiele« auch nur anzusehen, geschweige denn, sie selbst zu spielen.

Bei aller Traditionspflege hat die GAA jedoch in den vierziger und fünfziger Jahren für einen Modernisierungsschub gesorgt, der ohne *hurling* und *Gaelic football* viel länger gedauert hätte. Weil die Spiele im Radio übertragen wurden und die veralteten Batterien stets im entscheidenden Augenblick versagten, breitete sich der Anschluß an das Stromnetz in den ländlichen Regionen rapide aus. Vermutlich wurde das Fernsehen Anfang der sechziger Jahre aus denselben Gründen eingeführt.

Republik der Häuptlinge

Wann wird man schon mal vom Finanzminister zu einem Bier eingeladen? In Irland, wenn Parlamentswahlen vor der Tür stehen. Dann mischen sich Abgeordnete und Minister unters Volk, gehen zum Shopping in den Supermarkt und klingeln an den Haustüren, um sich nach den Sorgen und Nöten der Wähler zu erkundigen. Beim irischen Wahlsystem gibt es das Hintertürchen einer Parteiliste nicht, auch Premierminister und Kabinettsmitglieder kommen nur über ein direktes Mandat ins Parlament. Deshalb ist irische Politik vor allem Lokalpolitik.

Kandidaten werden nicht wegen ihrer politischen Konzepte gewählt, sondern weil sie sich um die Angelegenheiten ihres Wahlkreises kümmern. Dazu gehören ein nicht funktionierender Aufzug und ein schlecht beleuchteter Fußgängerweg ebenso wie die zu lange Warteliste für Routineoperationen im Ortskrankenhaus.

Das Wahlsystem begünstigt unabhängige Kandidaten. Machen sie sich ein Thema zu eigen, das die Bevölkerung bewegt, haben sie gute Chancen auf einen Parlamentssitz. Bei den jüngsten Wahlen wurde im Nordwesten der Insel ein Kandidat gewählt, der für die Legalisierung der Deflektoren eintrat, mit denen man das nordirische Fernsehsignal umleiten und kostenlos die britischen Sender empfangen kann.

Auch den Toten wird die gebührende Aufmerksamkeit der Volksvertreter zuteil. Der Tag jedes Politikers beginnt mit dem gewissenhaften Studium der Todesanzeigen in der Tagespresse. Ob Minister, kleiner Hinterbänkler oder aufstrebender Parteiarbeiter – niemand läßt sich diese subtile Form des Wahlkampfes entgehen, denn Beerdigungen sind in Irland Großveranstaltungen mit Hunderten von stimmberechtigten Trauergästen. Besonders günstig ist es für den Politiker, wenn er den Sarg eines halbwegs Prominenten ein Stück tragen darf; noch günstiger, wenn in diesem Augenblick Pressefotos gemacht werden. Manche bringen es zu Auftritten, die reif für eine Oscar-Nominierung wären: Sie tauchen erst dann mit schwarzem Anzug und ebensolcher Miene auf, wenn die Trauergemeinde bereits vollständig in der Kirche versammelt ist und niemandem ihre Ankunft entgehen kann.

Beim direkten Wahlkampf erfahren Bertie, Sean und Albert – Politiker werden prinzipiell mit dem Vornamen angeredet, man kennt sie lange genug aus dem Fernsehen – aus erster Hand, wie populär sie sind. Viel hängt auch von den jeweiligen Gattinnen ab: Bevor der Mann in den *Dail*, das Dubliner Parlament, einziehen kann, werden die Frauen der Spitzenkandidaten auf ihre hausfraulichen Qualitäten überprüft.

All dem wird mehr Bedeutung beigemessen als den ideologischen Unterschieden zwischen den Parteien, die ohnehin gering sind. Der in anderen Ländern übliche Gegensatz zwischen linker und rechter Politik spielte in Irland bislang kaum eine Rolle. Das Parteienspektrum ist ein

Produkt der irischen Teilung: Nach dem Unabhängigkeitskrieg gegen die englische Besatzung Anfang der zwanziger Jahre entbrannte zwischen Gegnern und Befürwortern des Teilungsvertrags ein Bürgerkrieg, den die Teilungsgegner verloren. Diese gründeten 1926 Fianna Fáil, die »Soldaten des Schicksals«, um fortan mit friedlichen Mitteln nach einem vereinten Irland zu streben. Aus den ursprünglichen Vertragsbefürwortern, die das Abkommen mit England als taktischen Sieg sahen, entstand der »Stamm der Gälen«, Fine Gael.

Diese beiden Parteien bestimmen noch heute das politische Geschehen, beide gehören dem konservativen Flügel an und stimmen in ihren ökonomischen und politischen Ideologien weitgehend überein. Die Loyalität zur einen oder anderen Partei wird den Iren in die Wiege gelegt; kämpfte der Großvater auf seiten der Teilungsbefürworter, wird der Enkel Fine Gael wählen. Fianna Fáil ist allerdings die erfolgreichere Partei, auch wenn sie seit 1981 keine absolute Mehrheit erreicht hat. So ist sie gezwungen, mit einer der kleinen Parteien Koalitionen einzugehen oder sich durch bestimmte Zusagen – etwa die Legalisierung von Deflektoren – die Unterstützung der Parteilosen zu sichern.

Seit 1933 regiert die Fianna Fáil das Land mit kurzen Unterbrechungen wie ein Familienunternehmen. Der frühere Parteichef Charles Haughey und sein Clan hielten jahrzehntelang die politischen Fäden geschickt in den Händen. Zwar fiel Haughey-Sohn Sean bei den Parlamentswahlen durch, er erhielt jedoch den Posten des Dubliner Oberbürgermeisters. Mit 27 Jahren war er der jüngste Oberbürgermeister aller Zeiten. Sein Großvater, Sean Lemass, war während des irischen Unabhängkeitskrieges 1919 bis 1921 Kommandant eines IRA-Bataillons gewesen und in den sechziger Jahren Regierungschef. Die Tante, Eileen Lemass, wurde ins Europäische Parlament gewählt. Politischer Einfluß ist in Irland erblich, stirbt ein Abgeordneter, so wird bei der Nachwahl oft die Ehefrau, der Sohn oder die Tochter gewählt.

Inzwischen ist Haughey in Ungnade gefallen. Die Anklage wegen Waffenschmuggels für die IRA Ende der sechziger Jahre, als der Nordirlandkonflikt ausbrach und Haughey Justizminister war, hatte ihm zwar nicht geschadet – er wurde später *Taoiseach*, was »Häuptling« bedeutet, aber heutzutage eher mit »Premierminister« übersetzt wird. Doch während seiner Amtszeit wurde er zum reichen Mann, er besitzt Ländereien, eine Insel mit historischem Herrenhaus und einen eigenen Hubschrauber. Wie er das mit dem nicht übermäßig üppigen Häuptlingssalär gemacht hatte, war Gegenstand fortwährender Spekulationen. Jetzt weiß die Nation Bescheid: Haughey hatte sich von einem Supermarktbesitzer mit Millionenbeträgen schmieren lassen, zur Zeit steht er deshalb vor Gericht. Doch selbst in der Korruption unterscheiden sich die beiden großen Parteien nicht. Bei den Ermittlungen im Falle Haughey stießen die Beamten auf ein dickes Konto auf den Cayman-Inseln, eingerichtet von irischen Unternehmern. Von diesem Konto bedienten sich die Politiker von Regierung und Opposition, vorbei an der irischen Steuer. Die Kette von Skandalen verblüffte selbst Zyniker: Da hatte sich der Transportminister sein Haus für 200.000 Pfund von besagtem Supermarktbesitzer umbauen lassen, der Außenminister hatte 30.000 Pfund von einem Bauunternehmer kassiert, der Direktor eines Staatsunternehmens hatte für seine Firma ein Grundstück zu einem exorbitanten Preis von einem anderen Unternehmen erworben, bei dem er selber Hauptaktionär war. Und das ist nur die Spitze des Eisbergs. Ein Dubliner Journalist bemerkte, es gehe in Irland zu wie in einer Bananenrepublik. »Nur das Klima ist nicht so beständig. Wir sind wohl eher eine Kartoffelrepublik.«

Mütter an die Macht

Seltsam. Ein Land, dessen Verfassung den Müttern der Nation einen Platz am Herd zuweist, hat eine Mutter als Staatsoberhaupt – und das bereits zum zweiten Mal in Folge. Als Mary McAleese im November 1998 zur Präsidentin gewählt wurde, wunderte sich allerdings niemand mehr. Ihre Vorgängerin Mary Robinson hatte den Boden für sie bereitet.

Deren Wahl war 1990 eine Sensation und gilt als Wendepunkt in der irischen Geschichte. Bis dahin war die Politik von Männern bestimmt, doch plötzlich zog eine parteilose linke Feministin in *Áras An Uachtarán* ein, die Präsidentenresidenz im Dubliner Phoenix Park. Freilich war ihr der Gegenkandidat Brian Lenihan unbeabsichtigt zu Hilfe gekommen, der als haushoher Favorit angetreten war, mitten im Wahlkampf jedoch beim Lügen über eine lange zurückliegende politische Affaire ertappt wurde. Dann leistete auch noch der Lenihan-Parteifreund und irische EU-Kommissar für soziale Angelegenheiten, Padraig Flynn, unfreiwillige Wahlhilfe für Robinson: Er warf ihr vor, sie vernachlässige ihre Familie zugunsten ihrer politischen Ambitionen – und brachte damit Frauen aller politischen Couleurs gegen sich auf.

Mary Robinson war in den sechziger Jahren eine der ersten, die als plädierende Rechtsanwältinnen zugelassen wurden. Seit 1969 gehörte sie dem irischen Senat an. Zwei Jahre später ging sie gerichtlich gegen das – inzwischen aufgehobene – Verhütungsmittelverbot von 1934 vor, zog sich dadurch den Zorn der Kirche zu und scheiterte. In anderen Fällen war sie erfolgreicher: Sie erstritt das Recht für Frauen, als Geschworene berufen sowie unabhängig vom Ehemann besteuert zu werden. 1988 verurteilte der Europäische Gerichtshof die irische Regierung auf Robinsons Klage zur Aufhebung des Verbots der Homosexualität aus dem Jahr 1861.

Als Staatsoberhaupt leistete sie Beachtliches, das gestehen ihr selbst diejenigen zu, die ihr anfangs mit Mißtrauen begegneten. Das Präsidentenamt ist in Irland ein Repräsentationsjob, jede Rede und jeder Staatsbesuch muß von der Regierung abgesegnet werden. So war es traditionellerweise ein Altersruhesitz für abgehalfterte Politiker, die sich in der Öffentlichkeit nur selten blicken ließen. Erst Robinson reizte den Job bis an die Grenzen der Möglichkeiten aus: Sie kümmerte sich um Randgruppen in Irland, bereiste die Dritte Welt und setzte sich bei jeder Gelegenheit für die Menschenrechte ein.

Der Kolumnist Fintan O'Toole drückte es so aus: Für ihre Vorgänger sei Irland ein geografischer Ort gewesen, für Mary Robinson waren es die Menschen. Sie verzichtete jedoch 1997 auf eine zweite Amtszeit und ging lieber als UN-Hochkommissarin für Menschenrechte nach Genf. Daß sie wiedergewählt worden wäre, wenn sie nur gewollt hätte, daran besteht kein Zweifel: Sie war das beliebteste Staatsoberhaupt der Welt, neunzig Prozent der Iren waren mit ihrer Präsidentin zufrieden.

So entdeckten die Politiker schließlich die Frauen. Um von Robinsons Popularität zu profitieren, nominierten alle Parteien Frauen für das höchste Amt, als es vakant wurde. Zum Schluß gesellte sich auch noch ein parteiloser Mann zum Frauenquartett, aber er wurde weit abgeschlagen letzter.

Die von der konservativen Regierungskoalition aufgestellte Mary McAleese errang den höchsten Wahlsieg aller Zeiten in einer irischen Präsidentschaftswahl – bei der niedrigsten Wahlbeteiligung. Und es gab ein Novum: McAleese ist die erste Nordirin im höchsten Amt der Grünen Insel. Sie stammt aus dem Belfaster Arbeiterviertel Ardoyne, das als Geburtsort der IRA gilt. Als sie 18 war, brach der Nordirland-Konflikt praktisch vor ihrer Haustür aus. Loyalisten brannten das Haus und die Kneipe ihrer Familie nieder, ihren taubstummen Bruder schlugen sie halbtot. Die Eltern zogen aufs Land nach Rostrevor an der inneririschen Grenze, Mary McAleese blieb in Belfast und studierte Jura an der Queen's University, später wurde sie Professorin am Dubliner Trinity College.

Doch bis auf den Vornamen und die Jura-Professur hat McAleese mit ihrer Vorgängerin Mary Robinson nichts gemein. McAleese ist gegen Abtreibung, Scheidung und Verhütungsmittel. Sie habe ihr ganzes Leben lang nur die Temperaturmethode zur Verhütung angewendet, sagt sie stolz. Sie sprach sich vehement für das Ausreiseverbot eines 14jährigen Mädchens aus, das nach einer Vergewaltigung schwanger geworden war und in England abtreiben wollte: Das sei »eine ziemlich primitive Rache an einem Fötus«. Darüber hinaus ist sie gegen ein integriertes Schulsystem in Nordirland. Katholische und protestantische Kinder gemeinsam zu erziehen sei gefährlich, schrieb sie in einem katholischen Fachblatt. »Eine katholische Erziehung entspringt dem Verlangen«, sagte McAleese, »die Vision eines katholischen Lebensstils auch auf die Schule auszudehnen.« Sie kritisierte Mary Robinson dafür, daß sie dem Papst bei einer Audienz unverschleiert gegenübergetreten war.

Ein Regierungspolitiker sprach nach dem Wahlsieg Marys II. vom »postliberalen Zeitalter« in Irland. Doch die geringe Wahlbeteiligung deutet auf etwas anderes hin: Für die meisten Iren stand fest, daß trotz Damenwahl kein Ersatz für Mary Robinson im Angebot war.

Kühe an der Grenze

Mitten auf der Kreuzung steht ein doppelseitiges Stopschild. Die beiden schlecht asphaltierten Straßen sind kaum breiter als Feldwege. Als ein Lieferwagen auf der Kreuzung anhält, kommt ein Polizist in dunkelblauer Uniform hinter der Hecke am Straßenrand hervor und kontrolliert den Laderaum: Federkernmatratzen für den Markt in Jonesboro. Der Lieferwagen darf weiter. Daß hier die Grenze sei, habe er gar nicht gewußt, obwohl er nur sieben Kilometer entfernt wohne, sagt der Fahrer.

Es ist die Grenze zwischen den beiden irischen Grafschaften Louth und Armagh – die eine liegt in der Republik Irland, die andere in Nordirland. »Alle Verbindungsstraßen sind dicht«, sagt John Fitzpatrick, der Polizist. »Hier kommt keine nordirische Kuh durch.« Es ist die größte Sicherheitsoperation seit dreißig Jahren. Sechshundert südirische Beamte wurden aus allen Landesteilen an die Grenze beordert, Urlaub ist bis auf weiteres gestrichen. »Die Rechnung ist einfach«, meint Fitzpatrick, »wir haben bisher 125 Fälle von Rinderwahnsinn, im Norden sind es fast 1700. Die Abriegelung der Grenze dient der Beruhigung der Kundschaft: Seht her, unsere Kühe sind okay, und die anderen kommen hier nicht rein.«

Die Polizisten schieben Zwölf-Stunden-Schichten rund um die Uhr. »Es ist unendlich langweilig«, meint Fitzpatrick. »Früher soll das hier einer der Haupttransportwege für Rinder gewesen sein. In den ersten Tagen, nachdem die Grenze zu war, haben wir ein paar Wagenladungen Rindfleisch beschlagnahmt, aber inzwischen kommt hier niemand mehr vorbei.« Er kann es sich wenigstens in seinem Privatwagen bequem machen, aber sein Kollege hat kein Auto. »Er muß die ganze Nacht draußen in der Kälte stehen.« Fitzpatrick, ein fast zwei Meter großer Mann von Anfang zwanzig mit rundem, freundlichem Gesicht, hat sich freiwillig gemeldet, weil die Überstunden gut bezahlt werden. Er ist ledig. »Wer verheiratet ist, bekommt einen Tag in der Woche frei«, sagt Fitzpatrick. »Die anderen nicht. Wie lange das dauern wird, weiß keiner.«

Das kleine Bauernhaus, das an der Kreuzung liegt, gehört zu Nordirland. Alle paar Stunden kommt die alte Bäuerin und versorgt Fitzpatrick mit Tee. Morgens bringt sie zwei, drei Scheiben Buttertoast, nachmittags eine Untertasse voller Kekse. Manchmal, so wie jetzt, kommt sie auch nur auf ein Schwätzchen. Sie hat sich über ihre Kittelschürze eine braune Strickjacke mit Zopfmuster gezogen, ihre Haare stecken unter einem hellen Kopftuch. Sie läuft etwas gebückt. »Ist ja nicht das erste Mal«, sagt sie. »1967 standen sie hier auch. Damals hatten sie kleine Metallwannen mit einem Desinfektionsmittel. Bevor man über die Grenze wollte, mußte man in die Wanne treten.« Damals war es Maul- und Klauenseuche. Während in Großbritannien und Nordirland Hunderttausende Rinder auf den Feldern verbrannt wurden, wurde die südirische Polizei zur Grenzpatrouille abkommandiert.

»Als die IRA in den letzten 25 Jahren immer wieder über die Grenze kam und halb Nordirland in die Luft gejagt hat, da war von euch nichts zu sehen«, schimpft die Bäuerin, »aber kaum rennen hier ein paar verrückte Kühe rum, schon seid ihr da.« Sie findet, daß nordirische Rinder einen Sonderstatus erhalten und von dem Exportverbot für britisches Rindfleisch ausgenommen werden müßten: »In Nordirland gibt es 1,5 Millionen Rinder. Selbst wenn man die Zahl der BSE-Fälle auf britische Verhältnisse umrechnet, so beträgt sie nicht mal ein Zehntel.« Allerdings ist sie immer noch viermal so hoch wie im Rest der Welt zusammengenommen, wenn man von Großbritannien absieht.

Für die nordirische Fleischindustrie ist die BSE-Krise eine Katastrophe. Seit die britische Regierung zugegeben hat, daß ein Zusammenhang zwischen dem Rinderwahn und der beim Menschen vorkommenden Creutzfeldt-Jakob-Krankheit besteht, sind die zwanzig Schlachthäuser in Nordirland geschlossen. Ihr Hauptabnehmer war bisher Großbritannien. Daß die Europäische Union nach zwei Jahren ihr Interventionslager wieder öffnet und 50.000 Tonnen Rindfleisch einkauft, sei nur ein Tropfen auf den heißen Stein, meint die Grenzbäuerin. »Die Höfe mit Mastrindern leiden am meisten unter der Krise«, sagt sie, »dabei sind fast ausschließlich Milchkühe vom Rinderwahnsinn betroffen. Es ist die Milchwirtschaft, die das ganze Dilemma verursacht hat, weil man den Kühen Tierkörpermehl zu fressen gab. Aber die Milchbauern haben nun den geringsten Schaden. Sie verlieren am Ende vielleicht die Kuh, die sie normalerweise an den Schlachthof verkaufen, wenn die Milch versiegt, aber zu dem Zeitpunkt hat sie sich doch längst rentiert.«

Die innerirische Grenze verläuft die Nordwand des Bauernhauses entlang. Das Feld auf der anderen Seite der Straße gehört zu dem Hof. Aber es liegt in Südirland. »Ich darf meine zwanzig Rinder nicht auf diese Weide schicken, weil der Polizist sie sonst verhaften würde«, sagt die Bäuerin. »Ich würde die Zollfahndung rufen, die ständig die Grenze patrouilliert«, entgegnet Fitzpatrick. »Bei manchen Bauernhöfen verläuft die Grenze sogar mitten durch das Wohnzimmer. Dann kommt es darauf an, wo die Rinder registriert sind.« Er zeigt auf die Straße in Richtung Edentubber und fügt hinzu: »Wenn man dort mit dem Auto hinunterfährt, sitzt der Fahrer in Südirland und der Beifahrer in Nordirland.« Viele kleine Straßen sind so gewunden, daß sie die Grenze ein halbes Dutzend Mal kreuzen. »An jeder Abzweigung sitzt ein Polizist«, sagt Fitzpatrick. »Mein Kollege sitzt keine zweihundert Meter entfernt, hinter der nächsten Kurve.«

Declan Murray, der Kollege, hat sein Auto auf dem Grünstreifen am Straßendreieck geparkt. »Vor zwei Wochen haben wir Elektrogeräte im Wert von 5500 Pfund beschlagnahmt«, sagt er. »Das ist der Nebeneffekt der Operation: Der Schmuggel von Elektronik und Alkohol ist praktisch zum Erliegen gekommen. Aber Kühe oder Rindfleisch? Habe ich hier noch nicht gesehen.« Kaum ein nordirischer Bauer versucht noch, seine

Rinder über die Grenze zu bringen, weil das Risiko zu groß ist. In letzter Zeit ist lediglich ein Transport mit neunzig Kühen auf der Hauptstraße von Dublin nach Belfast aufgeflogen. Die Tiere wurden beschlagnahmt und getötet.

Abseits von der Straße liegt ein neuer Bungalow aus rotem Backstein. »Die Leute sind noch nicht eingezogen«, sagt Murray, »die einzigen Leute, die ich zu Gesicht bekomme, sind die Zollpatrouillen, die regelmäßig vorbeischauen, und der fahrbare Mittagstisch.« Mittags um eins kommt ein Lieferwagen und bringt das Mittagessen aus einem Hotel in Dundalk. »Gestern gab es tatsächlich Beef«, sagt Murray. »Die Boxerhündin, die dort drüben im Feld herumstreunt, hat sich sehr darüber gefreut.« Hat er Rindfleisch wegen BSE abgesetzt? »Ich esse seit fünf Jahren kein Rindfleisch mehr«, sagt er, »das hat nichts mit BSE zu tun. Damals habe ich an einem Polizeilehrgang über Clenbuterol teilgenommen, da ist mir der Appetit vergangen.«

Das Geschäft mit »Angel Dust«, wie das Wachstumshormon Clenbuterol genannt wird, ist lukrativ. Im Gegensatz zu den USA, Kanada, Australien und Neuseeland darf man Rindern in Europa keine Wachstumshormone verabreichen, weil man die Risiken für die Verbraucher nicht einschätzen kann. Wo etwas verboten ist, entsteht ein Schwarzmarkt.

Längst mischt die internationale Mafia dabei kräftig mit. Vor einem Jahr hat sie den 43jährigen belgischen Regierungsveterinär Karel van Noppen durch einen bezahlten Killer ermorden lassen. Van Noppen stand kurz davor, ein Drogenkartell aufzudecken, das in Belgien, den Niederlanden und vermutlich auch in Frankreich einen schwunghaften Handel mit »Angel Dust« trieb. Ein Kollege van Noppens ist nur knapp einem Anschlag entgangen; ein Europa-Abgeordneter, der eine Kampagne gegen das illegale Hormon führte, wurde mit einer Benzinbombe und einer Handgranate bedacht.

Die irische Polizei hat vor wenigen Jahren ein riesiges Clenbuterollager ausgehoben – im Haus eines hochrangigen Beamten des Landwirtschaftsministeriums. Kürzlich wurde der Viehhändler Danny Fanning erschossen. Man munkelt, daß die IRA ihn wegen seiner Geschäfte mit »Angel Dust« getötet hat. Als man Fannings Herde untersuchte, fand man zahlreiche Tiere bis zur Halskrause voll Clenbuterol. Und zuletzt wurde im Grenzgebiet der Grafschaft Monaghan ein Lager entdeckt.

In dem kleinen Supermarkt in der südirischen Ortschaft Iniskeen preist man das irische Fleisch als »bestes der Welt« an. Auf Hinweistafeln wird die Kundschaft informiert, das man fünfzig Produkte, die britisches Rindfleisch enthalten, aus dem Sortiment genommen habe – darunter Lippenstift, Kekse und Vanillepudding. In Jonesboro auf der anderen Seite der Grenze klaffen keine Lücken in den Regalen. Auch beim Rindfleisch gibt es keinen einzigen Hinweis auf die Herkunft der Ware. »Bei uns gibt es am Sonntag Roast Beef wie jeden Sonntag«, sagt eine Kundin trotzig, »und in meinem Bekanntenkreis ist das nicht anders.« Die britische Ladenkette Sainsburys vermeldete sogar Rekordumsätze, nachdem der Rindfleischpreis gesenkt wurde: Zum ersten Mal in der 125jährigen Firmengeschichte war Beef in sämtlichen 363 Filialen ausverkauft.

Lesend reisen mit den Picus Lesereisen

Gerd Kröncke
Adel verpflichtet zu gar nichts
Londoner Audienzen

Es gibt viele Arten, sich den unbekannten Gesichtern einer Stadt zu nähern. Der Selbstversuch, 24 Stunden ohne Geld, Ausweise und Uhr London zu durchwandern, zeigt die Stadt jedenfalls von einer Seite, die kaum ein Tourist freiwillig kennenlernen wird. Gerd Kröncke, Korrespondent der »Süddeutschen Zeitung« in London, stöbert in seinen Streifzügen durch London die unterschiedlichsten Facetten des Alltags und der Kultur der Metropole des United Kingdoms auf. An den Geheimnissen des unerklärbaren Nationalsports Cricket läßt er den Leser ebenso teilhaben wie an dem letztlich doch bescheidenen Privileg, von der Queen zur Garden Party eingeladen zu werden. Kröncke gewährt Einblicke in die Londoner Lebensart und wandelt auf den Spuren von Charles Dickens oder Sherlock Holmes.

»London-Maniacs aller Herren Länder vereinigt euch – und lest dieses Buch! Gerd Kröncke zeichnet mit flockigen Reportagen und feinfühligen Feuilletons ein faszinierendes Bild der Weltmetropole. Kröncke liebt diese Stadt, das spürt man in jeder Zeile.« KLEINE ZEITUNG

132 Seiten, Leinen mit Schutzumschlag
ISBN 3-85452-704-7

Picus Verlag Wien